NOÇÕES DE CONTABILIDADE

Osni Moura Ribeiro

NOÇÕES DE CONTABILIDADE

FUNDAMENTOS DE CONTABILIDADE
Volume 1

Contempla as Normas Internacionais de Contabilidade.

Indicado para não contadores.

São Paulo
2019

DADOS INTERNACIONAIS DE CATALOGAÇÃO NA PUBLICAÇÃO (CIP)
Angélica Ilacqua CRB-8/7057

Ribeiro, Osni Moura
 Noções de contabilidade / Osni Moura Ribeiro. – São Paulo: Érica, 2019.
 184 p. (Fundamentos de Contabilidade; vol. 1)

Bibliografia
ISBN 978-85-365-3211-0

1. Contabilidade I. Título

19-1101   CDU 657
                                  CDD 657

Índices para catálogo sistemático:
1. Contabilidade

Copyright © Osni Moura Ribeiro
2019 Saraiva Educação
Todos os direitos reservados.

1ª edição

Nenhuma parte desta publicação poderá ser reproduzida por qualquer meio ou forma sem a prévia autorização da Saraiva Educação. A violação dos direitos autorais é crime estabelecido na Lei n. 9.610, de 1998 e punido pelo art. 184 do Código Penal.

CO 644591   CL 642384   CAE 659295

Av. Doutora Ruth Cardoso, 7221, 1º Andar
Pinheiros – São Paulo – SP – CEP: 05425-902

SAC Dúvidas referente a conteúdo editorial, material de apoio e reclamações:
sac.sets@somoseducacao.com.br

Direção executiva	Flávia Alves Bravin
Direção editorial	Renata Pascual Müller
Gerência editorial	Rita de Cássia S. Puoço
Editora de aquisições	Rosana Ap. Alves dos Santos
Editoras	Paula Hercy Cardoso Craveiro
	Silvia Campos Ferreira
Assistente editorial	Rafael Henrique Lima Fulanetti
Produtores editoriais	Camilla Felix Cianelli Chaves
	Laudemir Marinho dos Santos
Serviços editoriais	Juliana Bojczuk Fermino
	Kelli Priscila Pinto
	Marília Cordeiro
Preparação	Rafael Faber Fernandes
Revisão	Rosângela Barbosa
Diagramação	Join Bureau
Capa	AERO Comunicação
Impressão e acabamento	Gráfica Paym

APRESENTAÇÃO

Depois de lecionar Contabilidade para grupos heterogêneos de estudantes por mais de 45 anos e de ter disponibilizado no mercado, em parceria com a Editora Saraiva, mais de duas dezenas de livros, todos versando sobre a ciência contábil e dirigidos a estudantes e profissionais que atuam na área contábil, decidi escrever a série **Fundamentos de Contabilidade**, para a Editora Érica.

Indicada para não contabilistas, esta série, que trata dos fundamentos de Contabilidade, é composta por cinco volumes e foi cuidadosamente preparada com linguagem objetiva e de fácil entendimento, seguindo a mesma metodologia de parte dos 21 livros que foram escritos por mim entre 1983 e 2018. Este livro teve origem nas obras *Contabilidade Fundamental* e *Contabilidade Básica*, ambas de minha autoria, publicadas pelo selo SaraivaUni.

A Contabilidade é uma ciência presente em todos os setores das atividades humanas, e seu conhecimento ajuda as pessoas não só no desenvolvimento de suas atividades profissionais, como também no gerenciamento de seus negócios particulares.

Os estudantes de Contabilidade e os contabilistas (profissionais que atuam na área contábil) encontram nesses livros os conhecimentos necessários para o bom desenvolvimento de seus estudos e o bom desempenho de suas atividades profissionais. Os estudantes e os profissionais de outras áreas, bem como as pessoas em geral, todos considerados não contabilistas, que, em seus estudos, no exercício de suas atividades profissionais ou mesmo no gerenciamento de seus negócios particulares necessitam de conhecimentos de Contabilidade, encontram, a partir de agora, nos livros da série **Fundamentos de Contabilidade**, as informações necessárias para alcançar seus intentos.

Por que esta série é indicada para não contabilistas? Porque, por tratar dos princípios de contabilidade, ela foi escrita com base somente em normas contábeis, sem interferência de legislação alguma.

Qual é a proposta dos livros da série **Fundamentos de Contabilidade**? Oferecer a você os fundamentos de Contabilidade, conhecimentos necessários para que possa entender e interpretar com facilidade as informações apresentadas nas Demonstrações Contábeis, produtos finais da contabilidade.

Assim, no Volume 1 você estuda e aprende as noções de Contabilidade, adquirindo o pleno domínio do mecanismo do débito e do crédito, conhecimento imprescindível que o habilita a estudar e compreender com muita facilidade qualquer assunto envolvendo a Ciência Contábil; no Volume 2, você avança um pouco mais nos estudos e aprende a apurar o resultado do período (exercício social) de empresas comerciais aplicando o regime de competência; no Volume 3, você estuda a estrutura das Demonstrações Contábeis, aprende a elaborá-las e fica sabendo o que é, para que serve e como extrair informações úteis de cada uma delas; no Volume 4, você amplia um pouco mais seus conhecimentos, aprendendo a interpretar e analisar os dados apresentados nas Demonstrações Contábeis; e, no Volume 5, você complementa seus conhecimentos estudando e aprendendo as noções de custos com ênfase no custo industrial.

Nosso maior propósito é colaborar para que o ensino e a aprendizagem da contabilidade fiquem cada vez mais fáceis e acessíveis a um número cada vez maior de pessoas interessadas.

O autor

SOBRE O AUTOR

Osni Moura Ribeiro é bacharel em Ciências Contábeis e professor de Contabilidade Geral, Comercial, Intermediária, Avançada, Gerencial, Pública, Tributária, de Custos, Auditoria e Análise de Demonstrações Contábeis.

Já ocupou cargo de contador, analista contábil, inspetor contábil, auditor e agente fiscal de rendas da Secretaria da Fazenda do Estado de São Paulo.

Atua como auditor e consultor de órgãos públicos e empresas particulares. É, ainda, palestrante e autor de diversas obras publicadas pela Saraiva Educação.

Sumário

CAPÍTULO 1 – A CONTABILIDADE É FÁCIL 13
   1.1   Iniciando os estudos 14
   1.2   O desafio da terminologia 20
   1.3   O conceito de Contabilidade 21
   1.4   Objetivo da Contabilidade 22
   1.5   Informações contábeis 22
   1.6   Usuários das informações contábeis 23
   1.7   Registro contábil 23

CAPÍTULO 2 – PATRIMÔNIO 27
   2.1   Definição 28
        2.1.1   Bens 28
        2.1.2   Direitos 29
        2.1.3   Obrigações 30
   2.2   Aspectos qualitativo e quantitativo do patrimônio 30
        2.2.1   Aspecto qualitativo 31
        2.2.2   Aspecto quantitativo 31
   2.3   Representação gráfica do patrimônio 32
   2.4   Situações Líquidas Patrimoniais 37
        2.4.1   Situações Líquidas Patrimoniais possíveis 38
   2.5   Equação Fundamental do Patrimônio 43
   2.6   Patrimônio Líquido 46
   2.7   Patrimônio Líquido e Situação Líquida 48
        2.7.1   Empresa que não mantém escrita contábil 48
        2.7.2   Empresa que mantém escrita contábil 48
   2.8   Patrimônio Líquido e Passivo 48
   2.9   Formação do patrimônio e suas variações 49
   2.10 Origens e aplicações dos recursos 53
        2.10.1 Passivo: origem dos recursos 54
        2.10.2 Ativo: aplicação dos recursos 54

CAPÍTULO 3 – CONTAS 57

    3.1   Conceito 58
    3.2   Classificação das contas 58
            3.2.1   Contas patrimoniais 59
            3.2.2   Contas de resultado 59
    3.3   Primeiras noções de Débito e Crédito 65
            3.3.1   Débito 65
            3.3.2   Crédito 65
            3.3.3   Observações finais sobre as primeiras noções de débito e crédito 66
    3.4   Função e funcionamento das contas 66
    3.5   Plano de contas 66
            3.5.2   Elenco de Contas simplificado 67
            3.5.3   Informações sobre o Elenco de Contas simplificado 68

CAPÍTULO 4 – VARIAÇÕES PATRIMONIAIS 75

    4.1   Conceito 76
    4.2   Atos administrativos 76
    4.3   Fatos administrativos 77
            4.3.1   Fatos permutativos 77
            4.3.2   Fatos modificativos 80
            4.3.3   Fatos mistos ou compostos 81
            4.3.4   Esquema para fixação 82

CAPÍTULO 5 – ESCRITURAÇÃO 85

    5.1   Conceito 86
    5.2   Livros utilizados na Escrituração 86
            5.2.1   Livro Diário 86
            5.2.2   Livro Razão 89
            5.2.3   Livro Contas-Correntes 89
            5.2.4   Livro Caixa 90
    5.3   Métodos de Escrituração 91
            5.3.1   Método das Partidas Simples 91
            5.3.2   Método das Partidas Dobradas 91
    5.4   Lançamento 92
            5.4.1   Elementos essenciais 92
            5.4.2   Fórmulas de lançamentos 96

CAPÍTULO 6 – DESENVOLVENDO A ESCRITURAÇÃO 107

    6.1   Como contabilizar juros, aluguéis e descontos 108
            6.1.1   Juros 108
            6.1.2   Aluguéis 109
            6.1.3   Descontos 110

6.2	Como contabilizar os fatos da fase de constituição das empresas..................	113
	6.2.1 Constituição e Realização do Capital	113
6.3	Despesas de constituição...	118
6.4	Erros de Escrituração – Retificação de lançamentos.......................................	121
	6.4.1 Erros de redação	121
	6.4.2 Borrões, rasuras, registros nas entrelinhas...	123
	6.4.3 Intervalos em branco (saltos de linhas ou de páginas)	123
	6.4.4 Valores lançados a maior...	124
	6.4.5 Valores lançados a menor..	124
	6.4.6 Troca de uma conta por outra	125
	6.4.7 Inversão de contas	126
	6.4.8 Omissão de lançamentos	126
	6.4.9 Lançamento em duplicata	126

CAPÍTULO 7 – MONOGRAFIA – PRÁTICA DE ESCRITURAÇÃO 129

7.1	Instruções gerais..	130
7.2	Dados para Escrituração	130
7.3	Livros para Escrituração...	134
	7.3.1 Roteiro	135
	7.3.2 Livro Diário	135
	7.3.3 Livro Razão	136
	7.3.4 Livro Caixa	138
	7.3.5 Livro Contas-Correntes	140
7.4	Partidas Simples × Partidas Dobradas	142
7.5	A Contabilidade informatizada	142
7.6	A monografia no computador..	143

CAPÍTULO 8 – RAZONETE E BALANCETE... 145

8.1	Razonete	146
8.2	Balancete	152

CAPÍTULO 9 – APURAÇÃO SIMPLIFICADA DO RESULTADO 163

9.1	Definição	164
9.2	Roteiro para apuração do Resultado do Exercício	164
9.3	Procedimentos e contabilização	165

MENSAGEM FINAL.. 182

BIBLIOGRAFIA.. 183

CAPÍTULO

1 ▸ A CONTABILIDADE É FÁCIL

1.1 Iniciando os estudos

O que é Contabilidade, para que serve, qual é o ponto de partida para entendê-la e por que ela é importante para minha vida particular e para minha vida profissional? Essas são algumas questões para as quais você certamente gostaria de obter respostas.

Nossa proposta na presente obra é oferecer a você um material didático que lhe possibilite assimilar com facilidade todo o mecanismo que envolve a Ciência Contábil.

É irrelevante, neste momento, o fato de você ter ou não algum conhecimento de Contabilidade. Se já tem, então, pedimos a gentileza de que esqueça tudo, pois, para nós, neste momento partiremos do princípio de que você nunca estudou Contabilidade e, por esse motivo, desconhece a matéria. Assim, apresentaremos os assuntos de maneira progressiva, partindo sempre do mais fácil para o menos fácil, permitindo que você fique constantemente em sintonia com a matéria, porque isso facilita a aprendizagem.

Em cursos regulares, você encontra várias disciplinas para estudar: Matemática, História, Filosofia, Sociologia, Geografia e muitas outras. Entre as que você estuda, algumas não exigem de você concentração permanente, pois, em certos casos, a compreensão de determinado capítulo independe de conhecimentos anteriores.

Com a Contabilidade é diferente. Não que seja menos fácil, porém, a compreensão de cada aula é necessária para que você consiga acompanhar as aulas seguintes.

O objetivo principal desta obra é ensinar todo o processo de contabilização, dando-lhe condições para conhecer e elaborar as Demonstrações Contábeis, entre elas, o Balanço Patrimonial.

O que é Balanço Patrimonial? Se você nunca estudou Contabilidade, dificilmente saberá responder a essa pergunta. Entretanto, esse conceito não pode ser explicado agora. A seguir, veja por quê.

Vamos comparar este livro com uma escada. No ápice, está o Balanço Patrimonial.

								BALANÇO
								CAP. 9
							CAP. 8	8
						CAP. 7	7	7
					CAP. 6	6	6	6
				CAP. 5	5	5	5	5
			CAP. 4	4	4	4	4	4
		CAP. 3	3	3	3	3	3	3
	CAP. 2	2	2	2	2	2	2	2
CAP. 1	1	1	1	1	1	1	1	1

MARCO ZERO

Cada degrau dessa escada representa um capítulo do livro. Vamos conduzi-lo até o ponto máximo, partindo do marco zero, considerando que você nunca tenha estudado

Contabilidade. Assim, progressivamente, a cada linha, parágrafo, seção ou capítulo, acrescentaremos novas informações, de modo que, ao passar para o capítulo seguinte, você tenha adquirido a base necessária para entendê-lo com facilidade. Contudo, é preciso que você estude muito bem toda a parte teórica, lendo com atenção as notas, as observações e, inclusive, as notas de rodapé.

Para entender o que é **Balanço Patrimonial**, observe o nono degrau (Capítulo 9) do esquema da escada. Você verá que para chegar ao último degrau (capítulo) será preciso percorrer (estudar) os oito degraus (capítulos) anteriores, cujas informações constituem a base prática e teórica ideal para compreender o que é Balanço Patrimonial. Desse modo, logo nos primeiros capítulos você perceberá que aprender Contabilidade é fácil.

O estudo da Contabilidade pode ser comparado, também, com a construção de uma casa, na qual cada tijolo deve ser cuidadosamente colocado; cada porta e cada janela devem ser cuidadosamente assentadas para que a obra seja resistente e bem-acabada.

Assim é o estudo da Contabilidade. Cada aula, cada parágrafo, seção e capítulo devem ser minuciosamente estudados, pois o assunto seguinte sempre fica mais fácil quando o aluno assimilou bem o capítulo anterior. Por isso, afirmamos que a Contabilidade é uma matéria fácil de ser entendida. Lembre-se: para que isso seja possível, é indispensável que o estudo obedeça a uma sequência gradual e que o estudante dê a devida importância para cada caso a estudar.

Para compreender melhor o que é a Contabilidade, sua finalidade e aplicação, leia atentamente a história a seguir. Suponha, neste momento, que você pretende tornar-se comerciante. Você vai constituir uma empresa para comprar e vender calçados. Até o presente momento, você só tem uma vontade, ou seja, quer tornar-se comerciante. A partir daí, surgem as primeiras perguntas:

- *Eu vou constituir uma empresa com o quê? O que preciso ter em mãos para montar o meu negócio?*
    - Você precisa de um Capital.
- *O que é Capital?*
    - Capital pode ser uma importância em dinheiro com a qual você comprará tudo de que precisa para constituir (montar) seu negócio.
    Suponha, então, que você possua $ 50.000 em dinheiro, importância suficiente para iniciar suas atividades comerciais.
    Pronto! Esse montante de $ 50.000 em dinheiro é seu Capital Inicial.
- *Pois bem, agora que eu já tenho no bolso $ 50.000 em dinheiro, qual o próximo passo?*
    - Antes que você comece a comprar alguma coisa, é preciso providenciar um local para se instalar.
- *Local?*
    - Você precisa de um estabelecimento, que poderá ser uma casa, uma sala, um salão... Suponha, então, ter assinado um contrato de locação de um imóvel situado em sua cidade, em local privilegiado, no qual instalará sua empresa. Com a assinatura do contrato de locação, você não precisou dispor de dinheiro algum hoje, mas se comprometeu a pagar a importância de $ 1.000 de aluguel mensal, e o valor do aluguel referente a este mês será pago no dia 10 do mês seguinte, e assim sucessivamente.

- *Está bem, agora que já tenho o Capital e o ponto comercial, o que farei?*
  - Agora, você precisa procurar um profissional que trabalhe com Contabilidade (pode ser uma pessoa física ou devidamente estabelecida com escritório de contabilidade) para providenciar a legalização de sua empresa.
- *Legalização da minha empresa? O que significa isso?*
  - A legalização consiste no registro da empresa em vários órgãos públicos, para que ela adquira personalidade jurídica.
- *E o que é personalidade jurídica?*
  - Veja bem: você é uma pessoa física, é uma pessoa natural. Quando você nasceu, seus pais ou responsáveis providenciaram seu registro no Cartório do Registro Civil. A Certidão de Nascimento foi o primeiro documento que comprovou sua existência perante a sociedade, dando-lhe condições de exercer sua cidadania. As empresas, em geral, do ponto de vista legal, também são consideradas pessoas, não de existência física, mas de existência jurídica. Para que as empresas adquiram personalidade jurídica e possam exercer suas atividades mercantis, precisam ser registradas em vários órgãos públicos.
- *E quais são os órgãos públicos nos quais deverei registrar minha empresa?*
  - De acordo com o país, esses órgãos poderão receber denominações diferentes. No Brasil, tratando-se de empresa comercial, como é o caso de sua suposta empresa de calçados, o registro deverá ser feito em pelo menos seis órgãos públicos: Junta Comercial do Estado, Secretaria da Receita Federal, Prefeitura Municipal, Secretaria da Fazenda do Estado, Previdência Social e Sindicato de Classe.
- *E como efetuarei esses registros?*
  - O profissional da Contabilidade (ou escritório de contabilidade) que você escolheu redigirá petições, preencherá documentos e formulários, recolherá taxas e entregará a documentação exigida em cada um desses órgãos, diretamente em seus postos de arrecadação ou via internet.
- *Em quanto tempo minha empresa ficará legalizada?*
  - Se a documentação apresentada em cada órgão estiver em ordem, dentro de 20 a 30 dias sua empresa estará legalizada e você poderá providenciar as primeiras compras. Suponhamos, agora, que já tenham se passado 30 dias desde o momento em que você decidiu se tornar comerciante. Vamos assumir, também, que dos $ 50.000 representativos de seu Capital Inicial, você pagou $ 1.000 ao profissional da Contabilidade, que, além de providenciar a legalização de sua empresa, comprou livros e outros documentos, conforme as exigências dos órgãos públicos nos quais sua empresa foi registrada.
- *Agora que minha empresa está devidamente cadastrada nos órgãos públicos competentes, qual será o próximo passo que deverei dar?*
  - Imagine que, neste momento, você esteja abrindo as portas de seu ponto comercial. O salão está vazio. Pense nos móveis e nos utensílios que deverá comprar para equipar sua loja.
- *Móveis e utensílios?*
  - Compreendem os bens adquiridos para uso próprio. Suponha ter adquirido (de uma empresa especializada em decoração de empresas) balcões, prateleiras,

uma caixa registradora, dez cadeiras, cinco sofás, cinco tapetes e oito espelhos. Por todos esses bens, você pagou a importância de $ 12.000 em dinheiro. Mandou instalar um telefone, tendo gastado a importância de $ 200 para pagar pelo aparelho, além das despesas com a instalação.

- *E os calçados para venda?*
  - Pois bem, agora você deverá adquirir as mercadorias.
- *Como é? mercadorias? O que é isso?*
  - A palavra "mercadorias", muito utilizada nos meios comerciais, serve para representar todos os bens que a empresa comercial compra para revender. Em nosso exemplo, são os calçados.
- *Quer dizer, então, que os balcões, as prateleiras, a caixa registradora e as cadeiras não são mercadorias?*
  - Exatamente. Para sua empresa, esses objetos são considerados bens de uso, ao passo que mercadorias são bens de troca, correspondendo aos calçados que você comprará para revender. Suponha, então, ter adquirido $ 30.000 em mercadorias, dos quais $ 20.000 você pagou à vista, em dinheiro, e $ 10.000 você comprou a prazo, para pagar após 60 dias.

    Pronto! Agora sua empresa está instalada, montada. Você já gastou parte de seu Capital Inicial, contraiu duas Obrigações (terá de pagar $ 10.000 para o fornecedor das mercadorias, em 60 dias, e terá de pagar mensalmente ao proprietário do imóvel que você alugou a importância de $ 1.000). A partir deste momento, você já pode abrir as portas de sua loja e começar a trabalhar.

    Ah! Estava me esquecendo... Vamos assumir que, durante o processo de legalização de sua empresa, você tenha contratado uma empreiteira de obras, que efetuou pequenos reparos no imóvel visando adaptá-lo melhor ao fim desejado, incluindo as partes hidráulica, elétrica, alvenaria e pintura, tendo pagado a importância de $ 2.300 em dinheiro.

    Recapitulando tudo o que aconteceu até aqui, veja se você consegue responder às seguintes perguntas:
    1. Qual é o valor do Capital de sua empresa?
    2. Quanto, em dinheiro, você gastou até o presente momento e qual é o saldo que possui em Caixa?
    3. Qual é o valor do estoque de mercadorias de sua empresa?
    4. Qual é o valor de suas obrigações?

    Certamente, em poucos minutos, depois de rápidos cálculos, você encontrará as respostas a todas essas perguntas. Confira:
    1. O valor do Capital é $ 50.000.
    2. Você gastou $ 35.500, e o saldo em Caixa é de $ 14.500.
    3. O valor do estoque de mercadorias é de $ 30.000.
    4. O valor das obrigações é de $ 10.000.

    Pois bem, agora sua empresa existe e você poderá abrir as portas e colocá-la em funcionamento. Neste momento, perguntamos:
- *Qual é o principal objetivo de seu negócio?*
  - Certamente você responderá que é a obtenção de lucros. Para conseguir obter o lucro desejado, você precisará vender suas mercadorias, não é mesmo?

Para que as transações comerciais se realizem na sua empresa, diariamente entrarão nela pessoas com duas finalidades:

a) Algumas pessoas entrarão em sua empresa para lhe vender mercadorias. Essas pessoas são conhecidas nos meios comerciais por fornecedores; logo, você comprará delas, à vista ou a prazo. Quando a compra for efetuada a prazo, você passará a ter uma Obrigação para pagamento futuro;

b) Outras pessoas entrarão em sua empresa para comprar suas mercadorias. Essas pessoas são conhecidas, nos meios comerciais, por clientes; logo, você venderá para elas, à vista ou a prazo. Quando a venda for efetuada a prazo, você passará a ter Direito a recebimento futuro.

- *Afinal, é o fornecedor quem vende para mim ou sou eu quem compra do fornecedor?*
    - Na verdade, ocorrem as duas coisas, pois estamos diante de uma operação de compra e venda.

    Entretanto, o correto, do ponto de vista contábil, é que você raciocine sempre se colocando no lugar de sua empresa. Pense assim: "eu compro do fornecedor, logo, quando a compra for efetuada a prazo, a palavra 'compras' estará ligada à palavra 'fornecedores', e esta, por sua vez, estará ligada à palavra 'Obrigações' ".

- *Afinal, é o cliente quem compra de mim ou sou eu quem vende para o cliente?*
    - O raciocínio, neste caso, é o mesmo já explicado na relação de sua empresa com o fornecedor: "Eu vendo para o cliente, logo, quando a venda for efetuada a prazo, a palavra 'vendas' estará ligada à palavra 'clientes', e esta, por sua vez, estará ligada à palavra 'Direitos'".

    Portanto, compra a prazo resulta em Obrigação para pagar ao fornecedor; e venda a prazo resulta em Direito a receber do cliente.

    Observe quantas pessoas estão envolvidas em seu negócio:

    a) você, proprietário, titular da empresa (pessoa física);
    b) sua empresa (pessoa jurídica);
    c) clientes, fornecedores, bancos, governo, empregados etc. (pessoas físicas e pessoas jurídicas).

    As pessoas que, todos os dias, direta ou indiretamente, se relacionam com sua empresa, como clientes, fornecedores, bancos etc., são conhecidas nos meios comerciais, em relação à sua empresa, por terceiros. Esses terceiros movimentarão o patrimônio de sua empresa por meio de quatro operações principais: compras, vendas, pagamentos e recebimentos.

    É evidente que, além desses acontecimentos, no cotidiano das empresas ocorrem outros, como a admissão e a demissão de empregados, o recebimento e o encaminhamento de correspondências, o fornecimento de cotações de preços de mercadorias por telefone ou por e-mail, a organização de mercadorias nas prateleiras e nas vitrines, os depósitos e saques de dinheiro em estabelecimentos bancários etc.

    É importante salientar que esses acontecimentos que, diariamente, ocorrem na empresa, responsáveis pela movimentação do patrimônio, podem ou não interferir no patrimônio. Por um lado, quando os acontecimentos interferem no patrimônio, aumentando-o ou diminuindo-o, eles são classificados como fatos administrativos, como é o caso das compras, das vendas, dos pagamentos e dos recebimentos. Por outro lado, aqueles acontecimentos que não interferem no

patrimônio recebem o nome de atos administrativos, como é o caso de demissões e admissões de empregados, atendimentos de telefonemas, recebimento e encaminhamento de correspondências por meio do correio tradicional ou pela internet (via e-mail), assinaturas de contratos de locação etc.

Imagine agora que, após dois anos da data de constituição de sua empresa, eu (professor Osni, autor deste livro) resolvi fazer-lhe uma visita. Daquela pequena loja de dois anos atrás só restam lembranças. Você ampliou seu negócio. Comprou o imóvel e transformou-o em um prédio de quatro andares; construiu, nas dependências do imóvel, vários galpões para estocar as mercadorias; diversificou-as; e agora vende não somente calçados, mas também artigos de couro em geral (bolsas, cintos, carteiras, luvas, malas etc.), inclusive materiais esportivos, os quais você vende no atacado e no varejo; montou no quarto andar uma lanchonete, para maior conforto da clientela; tem mais de 10 mil clientes cadastrados, oriundos não apenas de sua cidade, mas também de todas as cidades da região, para os quais vende à vista e a prazo; mantém contato com mais de 200 fornecedores, sendo alguns do exterior, dos quais compra mercadorias; conta com mais de 100 empregados, entre vendedores, gerentes, contadores, escriturários, motoristas, serventes, faxineiros, vigias etc.; movimenta contas-correntes em cinco estabelecimentos bancários diferentes. A todo instante, podemos ver clientes comprando à vista e a prazo, efetuando pagamentos de prestações, preenchendo cadastros etc.

Ao constatar o sucesso de sua empresa, faço-lhe as seguintes perguntas:

1. Qual é o valor do Capital da sua empresa hoje?
2. Quanto você gastou em dinheiro até o presente momento, considerando desde o dia em que a constituiu, e qual o saldo em Caixa?
3. Qual é o valor do estoque de mercadorias?
4. Quais são os tipos, os modelos, as marcas, os tamanhos, as cores etc. das mercadorias estocadas?
5. Qual quantia de dinheiro você tem depositada nesse momento, considerando todas as suas contas-correntes bancárias?
6. Se parte de seu dinheiro está aplicada no mercado financeiro, qual é o montante dessas aplicações e quais são elas?
7. Em quanto importam suas Obrigações e quais são os nomes de seus Credores?
8. Quais são suas obrigações para com o Governo e para com seus empregados para os próximos 30 dias?
9. Quanto você deve a seus fornecedores de mercadorias e quanto terá de desembolsar ainda hoje, amanhã, daqui a 10 dias e daqui a 30 dias para pagá-los?
10. Quantos clientes você tem? Quantos são pontuais e quantos são inadimplentes?
11. Quanto você tem para receber de seus clientes ainda hoje, amanhã, daqui a 10 dias e daqui a 30 dias?
12. Quanto vale o patrimônio de sua empresa hoje?
13. Quanto você já apurou de Lucro? Ou será que apurou Prejuízo em seu negócio?

Certamente, você não conseguirá responder a essas perguntas na mesma velocidade em que respondeu às perguntas anteriores, quando sua empresa era recém-constituída.

Talvez você já tenha percebido que há necessidade de manter um controle de seu patrimônio, e é exatamente aí que a Contabilidade entra em cena. Mediante o conhecimento e a aplicação de técnicas contábeis, você poderá ter um controle permanente e eficiente da movimentação do patrimônio de sua empresa, obtendo informações econômicas, financeiras ou de outra natureza, no momento em que precisar.

notas

- Para facilitar o entendimento da matéria, considere a empresa, objeto de estudo, como se fosse sua. Assim, quando a empresa compra, pense: "eu compro"; quando a empresa vende, pense: "eu vendo"; e assim por diante.
- Você aprendeu, até aqui, que Capital é uma importância em dinheiro com a qual uma pessoa constitui uma empresa. Porém, o Capital Inicial de qualquer empresa poderá ser formado também por outros elementos, como casa, carro, móveis, equipamentos etc. Portanto, o Capital de uma empresa poderá ser constituído somente por dinheiro ou por dinheiro e outros bens conjuntamente.
- Antes de entrarmos na contabilização propriamente dita, é necessário que você conheça alguns conceitos básicos, sem os quais ficará difícil o entendimento da matéria. Assim, para se situar bem no assunto, você deve estudar com muita atenção todos os capítulos propostos no presente livro, pois todos eles são muito importantes.

1.2 O desafio da terminologia

A terminologia é um dos desafios enfrentados pelos que iniciam o estudo da Contabilidade, pois pode, em um primeiro momento, dificultar o entendimento da matéria.

Em algumas línguas, como ocorre, por exemplo, na língua portuguesa praticada no Brasil, podemos encontrar palavras que, dependendo do ponto de vista em que são consideradas, assumem significados diversos. A palavra **ativo** poderá significar coisas diferentes, dependendo do setor de atuação de cada pessoa. Há casos em que dezenas de palavras podem ser utilizadas para significar a mesma coisa: existem na língua portuguesa praticada no Brasil mais de 20 maneiras diferentes de se dizer "ideia".

Assim, é comum encontrarmos, em toda profissão, um conjunto de palavras cujo significado seja específico para aquela área de trabalho. A Contabilidade também tem linguagem própria e, em muitos casos, alguns termos, palavras ou expressões coincidem com termos, palavras ou expressões de nossa linguagem comum. Ocorre, porém, que nem sempre significam a mesma coisa.

As palavras que mais perturbam o estudante de língua portuguesa, especialmente o principiante no estudo da Contabilidade, são **débito** e **crédito**. A palavra **débito**, na linguagem comum do estudante, significa situação negativa, desfavorável; ou saldo negativo na conta-corrente bancária; ou estar em falta com alguém etc. Na terminologia contábil, essa palavra poderá ter esses mesmos significados ou até mesmo assumir uma situação positiva.

A palavra **crédito**, na linguagem cotidiana, poderá representar situação positiva, favorável; ou saldo positivo na conta-corrente bancária; ou ter crédito no mercado (possibilidade de poder comprar a prazo) etc. Na terminologia contábil, essa palavra poderá assumir esses mesmos significados ou até corresponder a uma situação negativa.

Reconhecemos que não é fácil para o estudante de língua portuguesa, principiante no estudo da Contabilidade, concordar que, em determinado momento, a palavra **débito** seja utilizada com o sentido de algo positivo, favorável, uma vez que, em sua vida diária, essa palavra nunca assume esse significado.

Portanto, para que você possa entender com facilidade não apenas o mecanismo do débito e do crédito, bem como todo o processo contábil, é preciso ter consciência de que algumas palavras, termos ou expressões utilizados em seu dia a dia podem ter significados diferentes quando utilizados pela Ciência Contábil.

Veja outros exemplos de termos, palavras e expressões que fazem parte da terminologia contábil, os quais mencionamos na Seção 1.1 deste livro, quando supostamente constituímos sua empresa para comercializar calçados: empresa, capital, estabelecimento, imóvel, ponto comercial, legalização da empresa, personalidade jurídica, pessoa física, pessoa jurídica, livros e documentos fiscais, móveis e utensílios, mercadorias, compras à vista, compras a prazo, vendas à vista, vendas a prazo, obrigações, direitos, saldos, estoque, lucro, prejuízo, patrimônio, fornecedores, clientes, terceiros, fatos administrativos, atos administrativos etc.

Se, no decorrer de seus estudos, você encontrar dificuldades para entender alguma explicação, saiba que o problema pode estar no significado de palavras, termos ou expressões técnicas que fazem parte da terminologia contábil. Procure analisar o significado de tais palavras a partir do contexto do tema em estudo.

Para facilitar e orientar seus estudos, sempre que palavras ou expressões que integram a terminologia contábil forem apresentadas no texto, serão devidamente explicadas, e você não encontrará dificuldade para entender o significado de cada uma delas.

1.3 O conceito de Contabilidade

A **Contabilidade** é uma ciência social que tem por objeto o patrimônio das entidades. Sobre esse conceito, poderão ocorrer indagações como:

- *O que é ciência?*
  Ciência pode ser conceituada como um sistema de conhecimentos com um objeto determinado e um método próprio.
- *O que é objeto?*
  O **objeto** da Contabilidade é o patrimônio. Objeto, portanto, é a razão de ser da Contabilidade. Isso equivale a dizer que a Contabilidade só existe porque o patrimônio existe, ou seja: se não existisse o patrimônio, a contabilidade também não existiria.
- *O que é patrimônio?*
  Patrimônio é um conjunto de bens, direitos e obrigações avaliado em moeda e pertencente a uma pessoa física ou jurídica. No exemplo que apresentamos no início deste capítulo (empresa constituída para comercializar calçados), o patrimônio era

composto por dinheiro, balcões, vitrines, prateleiras, mercadorias, enfim, pelo conjunto dos elementos necessários à existência da empresa. (No Capítulo 2, você estudará o patrimônio com mais detalhes.)

- *O que é entidade?*
Entidade é uma organização constituída pelo ser humano para o desenvolvimento de uma atividade. Pode ser pública (constituída pelo Governo), privada (constituída por particulares) ou mista (constituída parte pelo Governo e parte por particulares). As entidades podem ou não ter finalidade lucrativa. Aquelas que têm finalidade lucrativa são também denominadas entidades econômicas, ou simplesmente empresas. Toda entidade, tenha ou não finalidade lucrativa, possui um patrimônio. Esse patrimônio, conforme já dissemos, é o objeto, ou seja, a razão de ser da Contabilidade.

1.4 Objetivo da Contabilidade

A Contabilidade tem por objetivo o estudo e o controle do patrimônio e de suas variações, visando ao fornecimento de informações que sejam úteis para a tomada de decisão por parte de seus usuários.

1.5 Informações contábeis

As informações derivadas da Contabilidade são apresentadas por meio das Demonstrações Contábeis.

As Demonstrações Contábeis são relatórios elaborados a partir de dados extraídos dos registros contábeis. São também denominadas Demonstrações Financeiras, tendo em vista que suas informações são fundamentadas em dados monetários.

Essas informações podem ser de várias naturezas. As mais importantes são as de natureza patrimonial, econômica, financeira e social.

- **Informações de natureza econômica ou de produtividade:** evidenciam os fluxos de receitas e de despesas que resultam em lucros ou em prejuízos. Essas informações são apresentadas por meio da Demonstração do Resultado do Exercício, também denominada Demonstração do Resultado do Período.
- **Informações de natureza financeira:** evidenciam os fluxos de entradas e saídas de dinheiro na entidade. São apresentadas por meio da demonstração dos fluxos de caixa.
- **Informações de natureza patrimonial:** apresentam a composição do patrimônio evidenciando os ativos (bens e direitos), os passivos (obrigações) e o Patrimônio Líquido (diferença entre o ativo e o passivo). Essas informações são apresentadas por meio do Balanço Patrimonial.
- **Informações de natureza social:** evidenciam a origem da riqueza gerada pela entidade e como essa riqueza foi distribuída entre os diversos setores que contribuíram, direta ou indiretamente, para sua geração. São apresentadas por meio da demonstração do valor adicionado.

As informações apresentadas nas Demonstrações Contábeis facilitam as tomadas de decisão por parte dos seus usuários.

1.6 Usuários das informações contábeis

Os usuários das informações contábeis são pessoas físicas ou jurídicas que, direta ou indiretamente, se interessam pelas informações nelas contidas.

Portanto, os usuários das Demonstrações Contábeis são todas as pessoas interessadas na movimentação do patrimônio, seja para promover sua evolução (gestores, administradores e dirigentes), para conhecer seu desempenho (proprietários, investidores e governo), para conhecer sua capacidade de cumprir os compromissos assumidos para o pagamento de obrigações (fornecedores e bancos) ou para cumprir o fornecimento de bens ou de serviços (clientes).

1.7 Registro contábil

Para fornecer informações que sejam úteis para as tomadas de decisão por parte de seus usuários, a Contabilidade precisa registrar toda a movimentação do patrimônio.

- *Registrar de que maneira?*
    - Vamos assumir que você seja contabilista de uma empresa e, por isso, fará a contabilização de todos os fatos que ocorrerem nessa empresa.
- *E agora? Por onde começar?*
    - Respondemos que o primeiro passo é a escrituração.
    A escrituração é uma técnica utilizada pela Contabilidade que consiste em registrar, nos livros contábeis, os acontecimentos que provocam ou que possam provocar modificações futuras no patrimônio.
    A escrituração começa por um dos livros contábeis, o Diário, no qual todos os registros são efetuados mediante documentos que comprovem as ocorrências dos respectivos fatos. Os documentos mais comuns são: notas fiscais, recibos, contratos, faturas, duplicatas, cheques etc.
    Veja um exemplo: ocorreu na empresa que comercializa calçados, da qual você é o contabilista responsável, uma venda à vista de um par de sapatos.
    Para comprovar essa venda, foi emitido um documento fiscal denominado nota fiscal. Mediante esse documento, você providenciará o registro do fato (venda da mercadoria à vista) no Livro Diário. Inicia-se aí o processo de contabilização.

- Para garantir a credibilidade dos registros contábeis, somente poderão ser escriturados nos livros contábeis os fatos que contenham documentos idôneos que comprovem suas ocorrências.

Atividades Teóricas

1. **Responda:**
   1.1 O que é Contabilidade?
   1.2 O que é ciência?
   1.3 O que significa o objeto da Contabilidade?
   1.4 Qual é o objetivo da Contabilidade?
   1.5 Por que a terminologia pode influenciar no estudo da Contabilidade?
   1.6 Cite cinco palavras que fazem parte da terminologia contábil.
   1.7 O que é patrimônio?
   1.8 Em que consistem as informações de natureza patrimonial?
   1.9 Cite quatro usuários das informações contábeis.
   1.10 Quem são os usuários das informações contábeis?
   1.11 Para fornecer informações que sejam úteis para as tomadas de decisão por parte de seus usuários, o que a contabilidade precisa fazer?
   1.12 O que é necessário para garantir a veracidade dos registros contábeis?

2. **Classifique as afirmativas em Falsas (F) ou Verdadeiras (V):**
   2.1 ( ) O pleno conhecimento do significado das palavras pode facilitar o estudo da Contabilidade em qualquer língua.
   2.2 ( ) O objeto da Contabilidade é o patrimônio das entidades.
   2.3 ( ) Na terminologia contábil, a palavra **crédito** pode assumir situação positiva ou negativa.
   2.4 ( ) Na terminologia contábil, a palavra **débito** assume somente situação negativa.
   2.5 ( ) Entidade é uma organização constituída pelo ser humano para o desenvolvimento de uma atividade.
   2.6 ( ) Toda entidade, tenha ou não finalidade lucrativa, possui um patrimônio.
   2.7 ( ) Informações de natureza econômica ou de produtividade evidenciam os fluxos de receitas e de despesas, que resultam em lucros ou em prejuízos. Essas informações são apresentadas por meio da demonstração do Resultado do Período.
   2.8 ( ) Entidade é uma organização constituída pelo homem para o desenvolvimento de atividade exclusivamente econômica.
   2.9 ( ) As informações apresentadas nas Demonstrações Contábeis facilitam as tomadas de decisão por parte de seus usuários.

3. **Escolha a alternativa correta:**
   3.1 Entidade:
      a) é uma organização.
      b) visa ao lucro.
      c) não visa ao lucro.
      d) As alternativa "b" e "c" estão corretas.
      e) Todas as alternativas estão corretas.
   3.2 A entidade que tem finalidade lucrativa é denominada:
      a) sociedade.
      b) empresa.
      c) entidade social.
      d) A alternativa "c" está incorreta.
      e) Nenhuma das alternativas anteriores.

3.3 O objeto da Contabilidade é:
   a) o patrimônio das entidades econômicas.
   b) a entidade com finalidade econômica.
   c) o patrimônio das entidades que não visam ao lucro.
   d) As alternativas "a", "b" e "c" estão corretas.
   e) As alternativas "b" e "d" estão incorretas.

3.4 As informações derivadas da Contabilidade são apresentadas por meio:
   a) das Demonstrações Financeiras.
   b) das Demonstrações Contábeis.
   c) dos relatórios contábeis.
   d) As alternativas "a" e "c" estão corretas.
   e) Todas as alternativas estão corretas.

3.5 As informações derivadas dos registros contábeis são de natureza:
   a) econômica.
   b) financeira.
   c) patrimonial.
   d) social.
   e) Todas as alternativas estão corretas.

3.6 Evidenciam os fluxos de entradas e saídas de dinheiro na empresa:
   a) informações de natureza financeira.
   b) informações de natureza de produtividade.
   c) informações de natureza econômica.
   d) Todas as alternativas anteriores estão incorretas.
   e) Todas as alternativas estão corretas.

CAPÍTULO 2

PATRIMÔNIO

2.1 Definição

Patrimônio é um conjunto de bens, direitos e obrigações de uma pessoa (física ou jurídica), avaliado em moeda. Assim, podemos imaginar o patrimônio da seguinte maneira:

PATRIMÔNIO

BENS
DIREITOS
OBRIGAÇÕES

Vamos, então, estudar cada um desses elementos que compõem o patrimônio.

2.1.1 Bens

São as coisas capazes de satisfazer às necessidades humanas e suscetíveis de avaliação econômica.

Quando você entra em um supermercado, por exemplo, encontra inúmeros objetos, como balcões, vitrines, equipamentos emissores de cupons fiscais e uma infinidade de mercadorias expostas para venda em gôndolas, prateleiras, *displays* etc. Todos esses objetos são os bens que o supermercado possui.

Do ponto de vista contábil, podem-se entender como bens todos os objetos que uma empresa possui, seja para uso, troca ou consumo.

Para exemplificar esse conceito, retornemos à sua empresa, que compra e vende calçados, a qual serviu como base para as explicações do Capítulo 1. Vamos assumir que essa empresa possua somente os seguintes bens: balcão, prateleira, vitrine, equipamento emissor de cupom fiscal, espelho, calçados para venda (mercadorias), papel para embalagem, material para limpeza da loja, meio quilo de pó de café e uma pequena quantia em dinheiro. Neste caso, temos:

BENS DE USO	BENS DE TROCA	BENS DE CONSUMO
Balcão	Calçados para venda	Papel para embalagem
Prateleira	Dinheiro	Material para limpeza
Vitrine		Meio quilo de pó de café
Equipamento emissor de cupom fiscal		
Espelho		

Os bens podem ser classificados de várias maneiras, tendo em vista o interesse de quem os classifica.

A classificação que mais interessa a você, neste momento inicial de seus estudos, é aquela que os divide em duas categorias: bens materiais e bens imateriais.

Os **bens materiais**, como o próprio nome diz, são aqueles que têm matéria, corpo, podendo ser divididos em:

- **Bens imóveis:** aqueles que não podem ser deslocados de seu lugar. Exemplos: casas, edifícios, terrenos etc.
- **Bens móveis:** aqueles que podem ser removidos de seu lugar por força própria ou alheia. Exemplos: mesas, veículos, computadores, dinheiro, mercadorias etc.

Os **bens imateriais** são aqueles que, embora considerados bens, não têm corpo, não têm matéria. São determinados gastos que a empresa faz, os quais, dada sua natureza, devem ser considerados parte integrante do patrimônio e, por esse motivo, são registrados pela Contabilidade como bens. Não há muita variedade. Os mais comuns são:

- **Marcas e patentes:** são valores gastos com o registro ou com a compra de uma marca (nome comercial ou industrial) ou de uma patente de invenção.
Para que a empresa possa usufruir com exclusividade de todos os direitos reservados pela legislação do país para o uso desses bens imateriais, é preciso que essa marca ou patente esteja devidamente registrada em um órgão apropriado. No Brasil, esse órgão é o Instituto Nacional da Propriedade Industrial (INPI).
- **Fundo de Comércio:** suponhamos que sua empresa (comércio de calçados) tenha decidido ampliar os negócios, abrindo uma filial. Para isso, comprou, à vista, por $ 50.000, um imóvel onde estava instalada uma empresa concorrente. Vamos assumir que o antigo proprietário tenha cobrado $ 30.000 pelo valor de mercado do imóvel, que era igual ao valor registrado nos livros contábeis da empresa vendedora, e $ 20.000 pelo ponto comercial, ou seja, pela clientela que já estava formada. Nesse caso, sua empresa registrará na contabilidade $ 30.000 como bem material, com o título de Imóveis, e $ 20.000 como bem imaterial, com o título de Fundo de Comércio.

- Nos meios comerciais, são muito utilizadas tanto a expressão **bens materiais** como **bens tangíveis** (ambas têm o mesmo significado); o mesmo ocorre com as expressões **bens imateriais** ou **bens intangíveis**.

2.1.2 Direitos

É comum as empresas efetuarem vendas de mercadorias a prazo. Quando uma empresa vende mercadorias a prazo, ela não recebe dinheiro no momento da venda, mas alguns dias depois, semanas ou até meses. Dessa forma, na venda de mercadorias a prazo, essa empresa passa a ter Direito de receber do cliente o valor da respectiva venda no prazo determinado.

Convém salientar que os Direitos podem originar-se não somente das vendas de mercadorias a prazo, mas também das vendas a prazo de outros bens ou serviços, ou em decorrência de outras transações, como aluguel de bens móveis ou imóveis, empréstimos de dinheiro efetuados a terceiros etc.

Constituem Direitos para a empresa todos os valores que ela tem a receber de terceiros (clientes, locatários etc.). Esses direitos geralmente aparecem registrados nos livros contábeis da empresa, com o nome do elemento representativo do respectivo Direito, seguido da expressão "a Receber".

Exemplo:

ELEMENTOS	EXPRESSÕES
Duplicatas	a Receber
Promissórias	a Receber
Aluguéis	a Receber

2.1.3 Obrigações

É comum, também, as empresas efetuarem compras de mercadorias a prazo. Quando uma empresa compra mercadorias a prazo, ela não paga o valor das mercadorias no momento da compra, mas alguns dias, semanas ou até meses depois. Dessa forma, na compra de mercadorias a prazo, essa empresa cria uma Obrigação de pagar ao fornecedor o valor da respectiva compra no prazo determinado.

Convém salientar que as obrigações podem originar-se não somente das compras de mercadorias a prazo, como também das compras a prazo de outros bens ou serviços ou em decorrência de outras transações, como aluguéis de bens móveis ou imóveis, empréstimos de dinheiro captados de terceiros etc.

Constituem Obrigações para a empresa todos os valores que ela tem a pagar para terceiros (fornecedores, proprietários de imóveis, empregados, Governo, bancos etc.).

As obrigações geralmente aparecem registradas nos livros contábeis das empresas com o nome do elemento representativo da respectiva Obrigação, seguido da expressão "a Pagar".

Exemplo:

ELEMENTOS	EXPRESSÕES
Duplicatas	a Pagar
Promissórias	a Pagar
Aluguéis	a Pagar
Salários	a Pagar
Impostos	a Pagar

2.2 Aspectos qualitativo e quantitativo do patrimônio

Vimos que o patrimônio é um conjunto de bens, direitos e obrigações.

Suponhamos que eu seja proprietário de uma empresa e, neste momento, pretenda lhe passar informações sobre o tamanho dela. Se eu disser que o patrimônio da minha empresa é:

```
         PATRIMÔNIO
    ┌─────────────────┐
    │      BENS       │
    │    DIREITOS     │
    │   OBRIGAÇÕES    │
    └─────────────────┘
```

Somente com essas informações será possível avaliar o tamanho desse patrimônio? É evidente que não. Então, há necessidade de ressaltar dois aspectos que a Contabilidade leva em conta para representar adequadamente os elementos que compõem o patrimônio: o qualitativo e o quantitativo.

2.2.1 Aspecto qualitativo

Esse aspecto consiste em especificar, segundo a natureza de cada um, os bens, os direitos e as obrigações. Assim:

```
              PATRIMÔNIO
    ┌─────────────────────────────┐
    │ Bens                        │
    │    • Dinheiro               │
    │    • Veículos               │
    │    • Máquinas               │
    │                             │
    │ Direitos                    │
    │    • Duplicatas a receber   │
    │    • Promissórias a receber │
    │                             │
    │ Obrigações                  │
    │    • Duplicatas a pagar     │
    │    • Impostos a pagar       │
    └─────────────────────────────┘
```

Ressaltado o aspecto qualitativo, em que os elementos componentes do patrimônio foram devidamente qualificados, isto é, especificados segundo a natureza de cada um, você concordará que tais informações lhe permitem ter uma noção mais precisa do tamanho do patrimônio de minha empresa. No entanto, essas informações ainda não são suficientes, pois algumas perguntas continuam sem respostas: Quanto de dinheiro possuo? Qual é o valor de meus veículos? Quanto de duplicatas tenho a receber? Quanto de duplicatas tenho a pagar? Enfim, qual é o valor de meu patrimônio? Daí a necessidade do segundo aspecto.

2.2.2 Aspecto quantitativo

Esse aspecto consiste em dar a esses bens, direitos e obrigações seus respectivos valores, levando-nos a conhecer o valor do patrimônio de minha empresa. Veja:

PATRIMÔNIO

Bens
- Dinheiro 5.000
- Veículos 50.000
- Máquinas 10.000

Direitos
- Duplicatas a receber 3.000
- Promissórias a receber 2.000

Obrigações
- Duplicatas a pagar 8.000
- Impostos a pagar 500

Finalmente, depois de ressaltados os aspectos qualitativo e quantitativo, ficou mais fácil avaliar o tamanho do patrimônio de minha empresa, pois agora você conhece o que e quanto ela possui em bens, direitos e obrigações.

Portanto, não se esqueça: todas as vezes que forem extraídas demonstrações baseadas nos registros contábeis da empresa, nelas deverão estar ressaltados os aspectos qualitativo e quantitativo (elementos especificados com seus respectivos valores em moeda).

2.3 Representação gráfica do patrimônio

Até aqui, quando nos referimos ao patrimônio, fizemos sua representação da seguinte forma:

PATRIMÔNIO
| BENS |
| DIREITOS |
| OBRIGAÇÕES |

Porém, visando atender ao aspecto didático, e para tornar mais fácil a compreensão do patrimônio – ponto de partida para entender com clareza todo o mecanismo que envolve o processo contábil –, a partir de agora vamos representá-lo em um gráfico simplificado em forma de "T". Veja:

O "T" tem dois lados. No lado esquerdo, colocamos os bens e os direitos:

PATRIMÔNIO
Bens
Direitos

No lado direito, colocamos as obrigações:

PATRIMÔNIO
Obrigações

Então, a representação gráfica do patrimônio fica assim:

PATRIMÔNIO	
Bens	Obrigações
Direitos	

No início deste livro, fizemos um alerta para que você estudasse com bastante atenção a parte teórica de nossa matéria. Agora, reforçamos o alerta. Lembramos, ainda, que a Contabilidade atribui nomes aos elementos componentes do patrimônio dentro da lógica que a teoria contábil exige, conforme veremos.

Na representação gráfica apresentada temos, de um lado, os bens e os direitos, que formam o grupo dos elementos positivos; de outro lado, as obrigações, que formam o grupo dos elementos negativos. Eis aí os primeiros nomes: elementos positivos e elementos negativos. Assim, temos:

PATRIMÔNIO	
ELEMENTOS POSITIVOS	ELEMENTOS NEGATIVOS
Bens	**Obrigações**
Caixa (dinheiro)	Duplicatas a Pagar
Estoque de Mercadorias	Aluguéis a Pagar
Móveis e Utensílios	Impostos a Pagar
Direitos	Salários a Pagar
Duplicatas a Receber	
Promissórias a Receber	

O lado esquerdo do gráfico é chamado de **lado positivo**, pois os bens e os direitos representam a parte positiva do patrimônio da empresa (é o que a empresa tem efetivamente – bens – e o que ela tem a receber – direitos).

O lado direito é chamado de **lado negativo**, pois as obrigações representam a parte negativa do patrimônio da empresa (é o que a empresa tem a pagar).

Os elementos positivos são denominados **componentes Ativos**, e seu conjunto forma o **Ativo**. Os elementos negativos são denominados **componentes Passivos**, e o seu conjunto forma o **Passivo**.

Note que mais dois nomes aparecem: Ativo e Passivo. Veja, então, como fica o gráfico:

PATRIMÔNIO	
ATIVO	PASSIVO
Bens	**Obrigações**
Caixa (dinheiro)	Duplicatas a Pagar
Estoque de Mercadorias	Aluguéis a Pagar
Móveis e Utensílios	Impostos a Pagar
Direitos	Salários a Pagar
Duplicatas a Receber	
Promissórias a Receber	

Atividades Teóricas

1. **Resolva:**

    1.1 Relacione a coluna da esquerda com a da direita:
    - a) Bens
    - b) Direitos
    - c) Obrigações

    - ( ) Duplicatas a Receber
    - ( ) Duplicatas a Pagar
    - ( ) Computadores
    - ( ) Salários a Pagar
    - ( ) Caixa
    - ( ) Promissórias a Receber

    1.2 Escolha a alternativa que contém apenas obrigações:
    - a) Fornecedores, Duplicatas a Pagar e Aluguéis a Receber.
    - b) Clientes, Capital e Duplicatas a Pagar.
    - c) Fornecedores, Duplicatas a Pagar e Clientes.
    - d) Veículos, Móveis e Caixa.
    - e) Fornecedores, Duplicatas a Pagar e Salários a Pagar.

    1.3 Escolha a alternativa que contém apenas bens móveis:
    - a) Dinheiro, Veículos e Computadores.
    - b) Duplicatas a Pagar, Salários a Pagar e Impostos a Pagar.
    - c) Automóveis, Terrenos e Computadores.
    - d) Computadores, Duplicatas e Dinheiro.
    - e) Mesas, Armários e Casa.

1.4 Dinheiro, Terrenos, Clientes, Fornecedores, Computadores, Impostos a Pagar, Duplicatas a Receber, Fundo de Comércio. Na relação indicada, temos:
   a) 2 bens móveis, 1 bem imóvel, 2 direitos, 2 obrigações e 1 bem imaterial.
   b) 1 direito, 1 obrigação e 6 bens.
   c) 4 bens móveis, 2 direitos e 2 obrigações.
   d) 6 elementos do Passivo e 2 do Ativo.
   e) 8 elementos positivos.

2. **Classifique as afirmativas em Falsa (F) ou Verdadeira (V):**
   2.1 ( ) O Ativo é composto por bens e direitos.
   2.2 ( ) Elementos positivos são os bens e as obrigações.
   2.3 ( ) Direitos e obrigações são elementos negativos.
   2.4 ( ) O Ativo e o Passivo compõem o patrimônio da empresa.
   2.5 ( ) Elementos negativos são as obrigações.
   2.6 ( ) O Passivo é composto por elementos negativos.
   2.7 ( ) Elementos positivos são os bens e os direitos.

3. **Responda:**
   3.1 O que é patrimônio?
   3.2 Em que consiste o aspecto qualitativo do patrimônio?
   3.3 Em que consiste o aspecto quantitativo do patrimônio?
   3.4 Quais elementos devem figurar do lado esquerdo do gráfico representativo do patrimônio?
   3.5 Que elementos deverão figurar do lado direito do gráfico representativo do patrimônio?
   3.6 Quantos e quais são os elementos componentes do patrimônio?
   3.7 O que são bens de uso?
   3.8 O que são bens de troca?
   3.9 O que são bens de consumo? Cite dois exemplos.
   3.10 O que são e como se dividem os bens materiais?
   3.11 O que são bens imateriais? Cite dois exemplos.
   3.12 O que é Ativo?
   3.13 O que é Passivo?
   3.14 O que são direitos? Cite três exemplos.
   3.15 O que são obrigações? Cite dois exemplos.
   3.16 Qual é a forma gráfica que didaticamente utilizamos para representar o patrimônio?
   3.17 Quais são os nomes que recebem os elementos colocados do lado esquerdo do gráfico representativo do patrimônio?

Atividades Práticas

Prática 1

Classifique os elementos constantes do quadro a seguir em:
   a) bens ou direitos ou obrigações;
   b) positivo ou negativo;
   c) Ativo ou Passivo.

Nº	ELEMENTOS	A	B	C
1	Aluguéis a Pagar			
2	Aluguéis a Receber			
3	Armário de aço			
4	Biblioteca			
5	Carnês a Receber			
6	Casa			
7	Clientes			
8	Computadores			
9	Dinheiro			
10	Duplicatas a Pagar			
11	Duplicatas a Receber			
12	Fornecedores			
13	Imóveis			
14	Impostos a Pagar			
15	Instalações[1]			
16	Prateleiras			
17	Promissórias a Pagar			
18	Promissórias a Receber			
19	Salários a Pagar			
20	Veículos			

nota
- A Atividade Prática 1 pode ser utilizada como referência na avaliação do aproveitamento de seus estudos até esta parte do capítulo. Portanto, se você não teve dúvidas para solucioná-la, significa que está preparado para avançar na matéria. Se as dúvidas forem muitas, sugerimos um novo estudo do texto antes de passar para a Seção 2.4.

Prática 2

Represente, no gráfico em forma de "T", os seguintes elementos, colocando, no lado esquerdo, os representativos dos bens e dos direitos, e no lado direito, os representativos das obrigações: Caixa, Veículos, Instalações, Duplicatas a Pagar, Fornecedores, Duplicatas a Receber, Clientes, Móveis e Utensílios, Promissórias a Pagar, Impostos a Pagar e Promissórias a Receber.

---

[1] O título **Instalações** é utilizado para registrar bens materiais que integram as construções, mas que devem ser contabilizados separadamente delas. São exemplos de instalações as divisões de ambientes, os lustres e demais instalações elétricas, hidráulicas, frigoríficas, contra incêndio, de comunicações etc.

2.4 Situações Líquidas Patrimoniais

Situação Líquida Patrimonial é a diferença entre o Ativo (bens + direitos) e o Passivo (obrigações).

> **nota**
> - Até agora, conforme nosso propósito, limitamo-nos a esclarecer o que é Ativo e Passivo e o local em que devem ser colocados os elementos representativos dos bens, dos direitos e das obrigações. Deixamos de lado, porém, o aspecto quantitativo, isto é, o valor de cada um desses elementos. Para que a representação gráfica do patrimônio esteja completa, é preciso representar os elementos que o compõem com seus respectivos valores. Isso é o que faremos nesta parte do Capítulo 2.

Por que estudar as **Situações Líquidas** agora? Para atender a um grande objetivo: acrescentar a seu conhecimento mais um grupo de elementos na representação gráfica do patrimônio.

Esse novo grupo, que se chama Patrimônio Líquido (não mencionado até o presente momento), em conjunto com os bens, os direitos e as obrigações, completará a já conhecida representação gráfica do patrimônio, permitindo que o total do lado esquerdo seja igual ao total do lado direito, dando-lhe forma de equação. Entretanto, para que você possa compreender melhor esse novo grupo de elementos (Patrimônio Líquido), vamos estudar antes as Situações Líquidas Patrimoniais possíveis.

Considerando cada um dos elementos que representam os bens e os direitos, com seus respectivos valores em moeda, temos o total do Ativo:

BENS	
Caixa	$ 30
Móveis	$ 50
Estoque de Mercadorias	$ 20
Soma dos Bens	$ 100
DIREITOS	
Duplicatas a Receber	$ 40
Promissórias a Receber	$ 10
Soma dos direitos	$ 50
Soma total do Ativo	$ 150

Procedendo da mesma forma com os elementos que representam as obrigações, temos:

OBRIGAÇÕES	
Duplicatas a Pagar	$ 35
Salários a Pagar	$ 15
Impostos a Pagar	$ 30
Soma total das obrigações	$ 80

Capítulo 2 • Patrimônio

O total dos bens mais o total dos direitos menos o total das obrigações denomina-se Situação Líquida Patrimonial. Logo:

- Ativo (bens + direitos) $ 150
- (menos) Passivo (obrigações) $ 80
- (igual) Diferença $ 70

Essa diferença de $ 70 denomina-se Situação Líquida Patrimonial.

| BENS + DIREITOS – OBRIGAÇÕES = SITUAÇÃO LÍQUIDA PATRIMONIAL |

No esquema utilizado para representar o patrimônio, a Situação Líquida Patrimonial é colocada sempre do lado direito. Ela deve ser somada ou subtraída das obrigações, de modo que se iguale o lado do Passivo com o lado do Ativo, dando ao gráfico forma de equação. Assim:

PATRIMÔNIO			
ATIVO		**PASSIVO**	
BENS		**OBRIGAÇÕES**	
Caixa	30	Duplicatas a Pagar	35
Estoque de Merc.	20	Salários a Pagar	15
Móveis	50	Impostos a Pagar	30
DIREITOS		**SITUAÇÃO LÍQUIDA**	70
Duplicatas a Receber	40		
Promissórias a Rec.	10		
Total	150	Total	150

Conforme afirmamos, o total do lado esquerdo ($ 150) tem de ser igual ao total do lado direito ($ 150). Veja: no Ativo, temos: bens + direitos = $ 150; e no Passivo, temos: obrigações + Situação Líquida = $ 150.

- A partir daqui passaremos a representar o patrimônio por meio do mesmo gráfico em forma de "T", porém, com o título apropriado de Balanço Patrimonial.[2]

2.4.1 Situações Líquidas Patrimoniais possíveis[3]

2.4.1.1 Ativo maior que o Passivo

Exemplo:

- Bens $ 200
- Direitos $ 100
- Obrigações $ 180

---

[2] O Balanço Patrimonial é uma das demonstrações contábeis que deve exprimir, com clareza, a Situação do Patrimônio da empresa em dado momento.

[3] Para efeito didático, neste tópico deixaremos de especificar os bens, os direitos e as obrigações, apresentando apenas suas somas.

Representando graficamente essa Situação, sem ainda levar em conta a Situação Líquida, temos:

BALANÇO PATRIMONIAL			
ATIVO		PASSIVO	
Bens	200	Obrigações	180
Direitos	100		
Total	300	Total	180

> **Observação**
>
> ▸ Antes de cada valor, colocamos um sinal entre parênteses:
> - o Ativo, contendo bens e direitos, é positivo; logo, sinal (+);
> - o Passivo, contendo obrigações, é negativo; logo, sinal (–).

A diferença de $ 120 é denominada Situação Líquida; ela será colocada do lado do Passivo e adicionada ao valor das obrigações, uma vez que o total do Ativo é maior que o total das obrigações.

O Balanço Patrimonial correto ficará assim:

BALANÇO PATRIMONIAL			
ATIVO		PASSIVO	
Bens	200	Obrigações	180
Direitos	100	(+) Situação Líquida	120
Total	300	Total	300

Neste caso, a Situação Líquida poderá ter uma das seguintes denominações:

a) **Situação Líquida Positiva**, pois o total dos elementos positivos (bens + direitos) supera o total dos elementos negativos (obrigações) em $ 120.
b) **Situação Líquida Ativa**, pois o total do Ativo (bens + direitos) supera o total do Passivo (obrigações) em $ 120.
c) **Situação Líquida Superavitária**, por ser uma Situação positiva.

Suponhamos que, nesse momento, haja intenção de liquidar essa empresa. Vendendo os bens, ao preço que custaram, teremos $ 200, e, recebendo todos os direitos no valor de $ 100, teremos em mãos $ 300. Pagando todas as obrigações, no valor de $ 180, sobrariam para o proprietário da empresa $ 120. Por isso, dizemos que a importância de $ 120 corresponde à Situação Líquida Superavitária; é o que restou positivamente. É o valor positivo que superou o negativo.

ATIVO		PASSIVO		Situação Líquida
Bens + Direitos	→	Obrigações	→	Positiva

2.4.1.2 *Ativo menor que o Passivo*

Exemplo:

- Bens $ 200
- Direitos $ 100
- Obrigações $ 340

Representando graficamente, temos:

BALANÇO PATRIMONIAL			
ATIVO		**PASSIVO**	
Bens	200	Obrigações	340
Direitos	100		
Total	300	Total	340

Veja:

- Lado do Ativo   (+) $ 300
- Lado do Passivo   (–) $ 340
- Diferença   (–) $ 40

Sendo a diferença negativa, a representação gráfica completa ficará assim:

BALANÇO PATRIMONIAL			
ATIVO		**PASSIVO**	
Bens	200	Obrigações	340
Direitos	100	(–) Situação Líquida	(40)
Total	300	Total	300

Neste caso, a Situação Líquida poderá ter uma das seguintes denominações:

a) **Situação Líquida Negativa**, pois o total dos elementos negativos (obrigações) supera o total dos elementos positivos (bens e direitos) em $ 40.

b) **Situação Líquida Passiva**, porque o total do Passivo (obrigações) é superior ao total do Ativo (bens e direitos).
c) **Situação Líquida Deficitária**, por ser uma Situação negativa.
   Havendo interesse em liquidar a empresa neste momento, vendendo os bens ao preço de custo, teremos $ 200; recebendo os direitos, teremos $ 100. Portanto, teremos $ 300 em mãos. Para saldar nossos compromissos, precisaremos de $ 340, que é o valor das obrigações. Logo, faltam $ 40. Por isso, a Situação Líquida é deficitária, ou seja, o total dos elementos positivos é insuficiente para saldar os compromissos assumidos pela empresa.
d) **Passivo a Descoberto**, pois o total do Ativo não é suficiente para cobrir o total do Passivo.

BALANÇO PATRIMONIAL			
ATIVO		PASSIVO	
Bens	200	Obrigações	300
Direitos	100		
Total	300	Total	300

2.4.1.3 Ativo igual ao Passivo

Exemplo:

- Bens $ 200
- Direitos $ 100
- Obrigações $ 300

Graficamente, teremos:

BALANÇO PATRIMONIAL			
ATIVO		PASSIVO	
Bens	200	Obrigações	300
Direitos	100		
Total	300	Total	300

Veja:

- Lado do Ativo   (+) $ 300
- Lado do Passivo   (−) $ 300
- Diferença   ZERO

Neste caso, o Ativo é inteiramente absorvido pelas obrigações, e a Situação Líquida é Nula (Inexistente).

Observe que, se pretendêssemos liquidar essa empresa neste momento, tudo o que se apuraria com a venda dos bens e com o recebimento dos direitos seria necessário para cobrir apenas as obrigações, não restando valor algum para o proprietário.

ATIVO	=	PASSIVO	→	Situação Líquida
Bens + Direitos		Obrigações		Nula

2.4.1.4 Situação Líquida igual ao Ativo

Ocorre quando não há obrigações, existindo apenas elementos positivos.
Exemplo:

- Bens $ 200
- Direitos $ 100
- Obrigações   ZERO

Inexistindo Passivo (obrigações), a Situação Líquida é igual ao Ativo, podendo ser denominada Positiva, Ativa ou Superavitária.
Graficamente, teremos:

BALANÇO PATRIMONIAL			
ATIVO		PASSIVO	
Bens	200	(+) Situação Líquida	300
Direitos	100		
Total	300	Total	300

Esta Situação é comum quando a empresa se encontra na fase de constituição.

2.4.1.5 Situação Líquida igual ao Passivo

Ocorre quando não há Ativo, existindo apenas elementos negativos.
Exemplo:

- Bens   ZERO
- Direitos   ZERO
- Obrigações $ 200

Inexistindo Ativo (bens e direitos), a Situação Líquida é igual ao Passivo, podendo ser denominada Negativa, Passiva, Deficitária ou de Passivo a Descoberto.

Graficamente, teremos:

BALANÇO PATRIMONIAL		
ATIVO		PASSIVO
Bens 0	Obrigações	200
Direitos 0	(–) Situação Líquida	(200)
Total 0	Total	0

Esta Situação não é comum, entretanto, poderá ocorrer quando a empresa se encontrar na fase de liquidação (encerramento de atividades).

2.5 Equação Fundamental do Patrimônio

A **Equação Fundamental do Patrimônio**, também conhecida por **Equação Básica do Patrimônio**, é a que evidencia o Patrimônio em Situação normal, ou seja, em Situação Líquida positiva. É expressa da seguinte maneira:

$$\underbrace{ATIVO}_{Bens + Direitos} - \underbrace{PASSIVO}_{Obrigações} = \text{Situação Líquida}$$

Atividades Teóricas

1. **Classifique as afirmativas em Falsa (F) ou Verdadeira (V):**
   1.1 ( ) A Equação Fundamental do Patrimônio é expressa da seguinte maneira: (bens + direitos) – (obrigações) = Patrimônio Líquido.
   1.2 ( ) A Situação Líquida Patrimonial será sempre Positiva, em decorrência da Equação Fundamental do Patrimônio.
   1.3 ( ) A Situação Líquida Patrimonial é igual à soma do Ativo com o Passivo.
   1.4 ( ) A Situação Líquida Patrimonial é igual ao Ativo diminuído das obrigações.

2. **Leia com atenção as afirmativas:**
   I. Ativo maior que obrigações = Situação Líquida Ativa.
   II. Situação deficitária ocorre quando o total do Ativo é igual ao total das obrigações.
   III. Situação Líquida Passiva é o mesmo que Passivo a Descoberto.
   IV. A Situação Líquida será nula quando não houver Ativo.

   Com relação às afirmativas apresentadas, é correto afirmar que:
   a) Todas estão corretas.
   b) Somente a alternativa I está correta.
   c) Somente as alternativas I e III estão corretas.
   d) Somente as alternativas I e III estão erradas.
   e) Nenhuma das alternativas está correta.

3. **Resolva:**
   3.1 Relacione a coluna da esquerda com a da direita, associando os sinônimos:
   a) Situação Líquida Positiva   ( ) Situação Líquida Superavitária
   b) Situação Líquida Passiva   ( ) Situação Líquida Inexistente
   c) Situação Líquida Nula   ( ) Situação Líquida Deficitária
                                                      ( ) Passivo a Descoberto

4. **Responda:**
   4.1 Quando ocorre uma Situação Líquida Deficitária?
   4.2 Quando ocorre uma Situação Líquida Superavitária?

Atividades Práticas

Represente graficamente e responda qual é o tipo da Situação Líquida nas quatro Práticas a seguir:

- O objetivo dessas Atividades Práticas é permitir que você fixe bem as Situações Líquidas possíveis. Por isso, a Situação encontrada deverá ser colocada do lado direito com sinal positivo ou negativo, conforme o caso, sendo somada ou subtraída das obrigações e com o nome de Situação Líquida, para que haja igualdade entre os dois lados do Balanço Patrimonial.

Prática 1 – solucionada

Caixa	200
Móveis e Utensílios	300
Duplicatas a Pagar	170
Veículos	30
Salários a Pagar	20
Duplicatas a Receber	70

Noções de Contabilidade

Resposta

BALANÇO PATRIMONIAL				
ATIVO		PASSIVO	
Caixa	200	Duplicatas a Pagar	170
Móveis e Utensílios	300	Salários a Pagar	20
Veículos	30	Subtotal	190
Duplicatas a Receber	70	(+) Situação Líquida	410
Total	600	Total	600

A Situação Líquida é positiva de $ 410.
Desenvolva, da mesma forma, as Atividades Práticas 2, 3 e 4.

Prática 2

Veículos	4.000
Móveis e Utensílios	2.000
Máquinas e Equipamentos	1.000
Caixa	1.000
Promissórias a Pagar	2.000
Impostos a Pagar	5.000
Duplicatas a Pagar	7.000
Títulos a Receber	500
Aluguéis a Receber	500

A Situação Líquida é: _____.

Prática 3

Imóveis	6.000
Veículos	1.500
Títulos a Pagar	5.000
Títulos a Receber	3.000
Aluguéis a Pagar	1.000
Impostos a Pagar	4.500

A Situação Líquida é: _____.

Capítulo 2 • Patrimônio

45

Prática 4

Imóveis	100.000
Instalações	10.000
Móveis e Utensílios	5.000
Veículos	14.000
Caixa	5.000
Bancos conta Movimento	63.000
Estoque de Mercadorias	50.000
Clientes	10.000
Promissórias a Receber	8.000
Fornecedores	30.000
Bancos conta Empréstimos	100.000
Salários a Pagar	28.000
Impostos a Pagar	40.000
Duplicatas a Pagar	39.000

A Situação Líquida é: _____ .

2.6 Patrimônio Líquido

Patrimônio Líquido é o quarto grupo de elementos patrimoniais que, em conjunto com os bens, os direitos e as obrigações, completará a Demonstração Contábil denominada Balanço Patrimonial.

Assim, no Balanço Patrimonial temos os seguintes grupos de elementos:

BALANÇO PATRIMONIAL	
ATIVO	PASSIVO
Bens	Obrigações
Direitos	Patrimônio Líquido

Até aqui, você já estudou e assimilou três dos quatro grupos de elementos que integram o patrimônio – bens, direitos e obrigações – e conhece todos os elementos que compõem cada um desses três grupos. Pois bem, agora, você estudará o Patrimônio Líquido, que é composto pelos seguintes elementos:

- Capital;
- Reservas;
- Lucros ou Prejuízos Acumulados.

Noções de Contabilidade

O Capital você já conhece, pois já comentamos sobre ele. Na fase de constituição da empresa, ele representa o elemento ativo ou o conjunto de elementos ativos que o proprietário investiu (colocou) na entidade. Assim, esse Capital Inicial poderá ser composto somente por dinheiro ou por dinheiro e outros bens, como Móveis e Utensílios, Veículos, Mercadorias etc.

Durante a vida normal da empresa, o Capital pode ser aumentado com novas somas em dinheiro ou em outros bens, colocadas pelo titular ou, ainda, pela incorporação de parte dos lucros apurados pela movimentação do patrimônio da própria empresa.

As Reservas são parcelas dos lucros apurados pela empresa que ficam retidas, reservadas para determinados fins, como é o caso da Reserva para Investimentos, que normalmente é utilizada para ampliação das instalações da empresa, abertura de filiais etc.

Os Lucros ou Prejuízos Acumulados correspondem ao resultado positivo (Lucros) ou negativo (Prejuízos) apurado pela empresa na movimentação de seu patrimônio.

Você já sabe que o principal objetivo das empresas é o lucro. No final de cada exercício social (período em que a empresa opera, geralmente igual a um ano), a movimentação do patrimônio poderá resultar em lucro ou em prejuízo.

Quando esse resultado corresponder a lucro, ele terá várias destinações: uma parte vai para o Governo (tributos); uma parte poderá ser destinada a compensar prejuízos apurados em exercícios anteriores; uma parte poderá ser destinada aos participantes do lucro (empregados, administradores etc.); outra parte poderá ser destinada à constituição de reservas; outra, à distribuição aos titulares ou sócios em forma de dividendos; outra parte poderá ser utilizada para aumentar o Capital; e outra parte, poderá, ainda, ficar retida no patrimônio para futuras destinações. Neste último caso, essa parcela do lucro figurará no grupo do Patrimônio Líquido com o título "Lucros Acumulados" ou "Lucros ou Prejuízos Acumulados" (neste segundo caso, com sinal positivo).

Quando o resultado apurado no final do exercício social corresponder a prejuízo, ele poderá ser amortizado (pago) pelo titular ou pelos sócios ou compensado com saldos de Lucros Acumulados e/ou Reservas, ou, ainda, poderá ser mantido no grupo do Patrimônio Líquido para ser compensado com lucros que serão apurados em exercícios futuros. Nesse caso, o prejuízo poderá figurar no grupo do Patrimônio Líquido com o título de "Prejuízos Acumulados" ou de "Lucros ou Prejuízos Acumulados" (neste segundo caso, com sinal negativo).

Quando a empresa optar pela denominação "Lucros ou Prejuízos Acumulados", deverá apresentar esse elemento no Patrimônio Líquido com sinal negativo e o valor entre parênteses quando for prejuízo e com sinal positivo quando for lucro.

Além do Capital, das Reservas e dos Lucros ou Prejuízos Acumulados, existem outros elementos que integram o grupo do Patrimônio Líquido e que não serão tratados no presente livro, dado seu caráter introdutório.

notas

- Por ora, essas explicações sobre os elementos componentes do Patrimônio Líquido são suficientes para que você possa continuar os estudos da Contabilidade. Na sequência da matéria, havendo necessidade, esse assunto será retomado e explicado com mais detalhes.
- Na Seção 2.7, você saberá como os acontecimentos que ocorrem diariamente nas empresas interferem no patrimônio; também conhecerá a origem e a movimentação dos bens, dos direitos, das obrigações e do Patrimônio Líquido, além de seus corretos posicionamentos no Balanço Patrimonial.

2.7 Patrimônio Líquido e Situação Líquida

Patrimônio Líquido é o mesmo que **Situação Líquida**? Respondemos que sim.

Tomemos como exemplo uma empresa com Situação Líquida Positiva, tendo, no Ativo, bens e direitos no valor de $ 5.000, e no Passivo, obrigações no valor de $ 4.000.

Neste caso, subtraindo do total do Ativo, que é de $ 5.000, o valor das obrigações, que é de $ 4.000, obteremos um Patrimônio Líquido de $ 1.000. Esse valor corresponde à parte do patrimônio que pertence ao proprietário da empresa.

Então, posso denominar o Ativo de Patrimônio Bruto? Sim, pois, do Patrimônio Bruto (Ativo) subtrairemos o Passivo (obrigações) para encontrar o Patrimônio Líquido.

Portanto, o Patrimônio Líquido pode ser denominado Situação Líquida, pois essas duas expressões significam a mesma coisa. Entretanto, fique atento às seguintes informações:

2.7.1 Empresa que não mantém escrita contábil

Quando for preciso conhecer a Situação Líquida Patrimonial de uma empresa que não mantém escrita contábil regular, porque até então funcionava na informalidade, o procedimento mais adequado será:

a) efetuar um inventário físico (levantamento) de todos os bens, direitos e obrigações existentes;
b) apurar a Situação Líquida aplicando a fórmula:

Situação Líquida	=	ATIVO Bens + Direitos	–	PASSIVO Obrigações

2.7.2 Empresa que mantém escrita contábil

Caso a empresa mantenha escrita contábil regular, a Situação Líquida já estará registrada contabilmente, mediante os elementos que compõem o grupo do Patrimônio Líquido.

Para conhecer, portanto, a Situação Líquida de uma empresa que não mantém escrita contábil regular, deve-se efetuar um cálculo, que você já conhece (Ativo – obrigações); em contrapartida, caso se pretenda conhecer a Situação Líquida de uma empresa que mantém escrita contábil regular, não é necessário efetuar cálculo algum; basta verificar o total do grupo do Patrimônio Líquido, o qual corresponde à Situação Líquida. Neste caso, se a Situação Líquida da empresa for positiva, o total do grupo Patrimônio Líquido será igualmente positivo; se, porém, a Situação Líquida for negativa, o total do grupo Patrimônio Líquido será igualmente negativo; e, ainda, se a Situação Líquida for nula, o grupo Patrimônio Líquido também refletirá essa Situação.

2.8 Patrimônio Líquido e Passivo

Se o Patrimônio Líquido figura no Balanço Patrimonial do lado do Passivo, posso afirmar que ele também é Passivo? Respondemos que não.

Como explicamos, sendo o Patrimônio Líquido igual à diferença entre o Ativo (bens + direitos) e o Passivo (obrigações), ele figura no Balanço Patrimonial do lado do Passivo, apenas para manter a igualdade entre os dois lados do gráfico.

Alguns tratadistas da Contabilidade costumam denominar as obrigações Passivo Exigível, e o Patrimônio Líquido, Passivo Não Exigível. Isso se justifica pelo fato de que a empresa terá de pagar as obrigações para terceiros, ao passo que, no caso do Patrimônio Líquido, por pertencer ao proprietário ou sócios, a empresa não tem o compromisso de pagá-lo.

Portanto, não há exigência de que a empresa efetue o pagamento do Patrimônio Líquido ao titular ou aos sócios e, se isso ocorrer, ela se extinguirá.

Assim, considerando que o Ativo é composto por elementos positivos, e o Passivo, por elementos negativos, e sendo o Patrimônio Líquido igual à diferença entre os elementos positivos e os negativos, podemos, então, afirmar que o Balanço Patrimonial é composto pelo Ativo, pelo Passivo e pelo Patrimônio Líquido. Desse modo, na representação gráfica denominada Balanço Patrimonial, o Ativo é demonstrado do lado esquerdo, ao passo que o Passivo e o Patrimônio Líquido são demonstrados do lado direito.

- A partir deste ponto, em que já ficou definido o Patrimônio Líquido e mostrado o seu posicionamento no gráfico representativo do patrimônio, você não deverá escrever, ao representar graficamente uma Situação Patrimonial, Bens, Direitos, Obrigações e Situação Líquida. Deverá, sim, especificar esses elementos (aspecto qualitativo). Terá de ter sempre em mente que, no lado do Ativo são colocados os elementos que representam os bens e os direitos, e no lado do Passivo, os elementos que representam as obrigações e o Patrimônio Líquido.

2.9 Formação do patrimônio e suas variações

Para constituir uma empresa é preciso que se tenha, inicialmente, um Capital.

Quando a empresa está sendo constituída, a palavra Capital é empregada para representar o conjunto de elementos que o proprietário da futura empresa possui para montar seu negócio e, consequentemente, iniciar suas atividades.

Vera Lúcia vai abrir uma empresa comercial. Ela possui, para esse fim, $ 60.000 em dinheiro. Logo, esses $ 60.000 em dinheiro constituem seu Capital Inicial.

O Capital Inicial pode ser composto por:

a) somente dinheiro;
b) parte em dinheiro e parte em outros bens;
c) parte em dinheiro, parte em outros bens e parte em direitos.

Suponhamos que uma pessoa deseje iniciar suas atividades (abrir uma empresa) para comercializar materiais para construção e possua $ 30.000 em dinheiro e um caminhão no valor de $ 50.000. Neste caso, o seu Capital Inicial é $ 80.000.

Esse Capital, ou seja, a soma dos valores de que o proprietário dispõe para constituir uma empresa, pode receber várias denominações:

- Capital;
- Capital Inicial;
- Capital Nominal;
- Capital Subscrito;
- Capital Social (quando se tratar de sociedade) etc.

EXEMPLO PRÁTICO

Formação do patrimônio e suas variações com balanços sucessivos

Vamos acompanhar a formação do patrimônio de uma empresa comercial e alguns exemplos de sua movimentação, representando, a cada acontecimento, a situação patrimonial respectiva.

1) Roberto constitui uma empresa para explorar o comércio de tintas, com um Capital Inicial, em dinheiro, de $ 50.000.

   Considerando apenas essa ocorrência, veja como será representada a situação patrimonial da empresa de Roberto, mediante o Balanço Patrimonial:

BALANÇO PATRIMONIAL			
ATIVO		PASSIVO	
Caixa	50.000	Capital	50.000
Total	50.000	Total	50.000

Observação
> Observe que, na representação gráfica, temos dois elementos: Caixa e Capital. O elemento Caixa foi colocado no lado do Ativo, pois representa bens (você já aprendeu que no lado do Ativo devem constar os elementos que representam os bens e os direitos); o elemento Capital foi colocado do lado do Passivo, pois se trata de um elemento do grupo do Patrimônio Líquido (você já aprendeu que no lado do Passivo devem constar os elementos que representam as obrigações e o Patrimônio Líquido).

Se desejarmos conhecer a Situação Líquida atual do patrimônio da empresa de Roberto, como do lado do Passivo consta apenas um elemento do grupo Patrimônio Líquido, concluiremos que a Situação Líquida corresponderá ao valor desse elemento; logo, é positiva de $ 50.000.

Se você preferir aplicar a fórmula já conhecida para encontrar a Situação Líquida, deverá proceder da seguinte maneira:

- Ativo (bens + direitos)   (+) $ 50.000
- (menos) Passivo (obrigações)   (–) $ 0
- (igual) Situação Líquida   (+) $50.000

Observe, por fim, que a Situação Líquida encontrada é positiva de $ 50.000 e coincide com o total do grupo Patrimônio Líquido, que, neste momento, é representado apenas pelo elemento Capital.

2) Em seguida, surgem as aplicações do Capital na compra de bens:

   a) compra de Móveis e Utensílios, à vista, por $ 5.000;
   b) compra de um automóvel, à vista, por $ 30.000.

Veja como ficou o patrimônio de Roberto após essas duas compras:

BALANÇO PATRIMONIAL			
ATIVO		PASSIVO	
Caixa	15.000	Capital	50.000
Móveis e Utensílios	5.000		
Veículos	30.000		
Total	50.000	Total	50.000

3) Precisando adquirir mercadorias e sendo o dinheiro (Caixa) insuficiente, Roberto compra a prazo:

   a) Compra de tintas (mercadorias), a prazo, no valor de $ 20.000, do fornecedor Casa de Tintas Girassol.

Veja como ficou o patrimônio de Roberto após essa operação:

BALANÇO PATRIMONIAL			
ATIVO		PASSIVO	
Caixa	15.000	Fornecedores	20.000
Móveis e Utensílios	5.000	Capital	50.000
Veículos	30.000		
Estoque de Mercadorias	20.000		
Total	70.000	Total	70.000

4) Vamos assumir, agora, que a empresa de Roberto tenha efetuado o pagamento, em dinheiro, de parte das obrigações devidas ao fornecedor, no valor de $ 5.000.

Veja como ficou o patrimônio de Roberto após essa operação:

BALANÇO PATRIMONIAL			
ATIVO		PASSIVO	
Caixa	10.000	Fornecedores	15.000
Móveis e Utensílios	5.000	Capital	50.000
Veículos	30.000		
Estoque de Mercadorias	20.000		
Total	65.000	Total	65.000

- A partir desse exemplo prático da empresa montada por Roberto, você percebeu que cada fato administrativo (ou fato contábil) que ocorre na empresa provoca modificações entre os elementos patrimoniais, as quais resultam em nova Situação, que poderá ou não alterar o valor do patrimônio e/ou do Patrimônio Líquido.

Atividades Práticas

Represente, por meio do Balanço Patrimonial, a Situação do patrimônio da empresa individual de Gustavo após cada fato ocorrido.

1. Gustavo inicia suas atividades comerciais com um Capital de $ 80.000, em dinheiro.
2. Compras à vista (em dinheiro):
   a) Móveis e Utensílios $ 3.000
   b) Um automóvel $ 25.000
   c) Mercadorias $ 20.000
3. Compras de Mercadorias a prazo, no valor de $ 30.000.
4. Compra, a prazo, de uma casa no valor de $ 100.000, mediante emissão de Notas Promissórias.
5. Vendas de Mercadorias:
   a) À vista $ 10.000
   b) A prazo $ 8.000

Noções de Contabilidade

- Não leve em consideração o possível lucro nas vendas, pois será estudado posteriormente. Considere os valores como estão.

6. Pagamento em dinheiro de parte das obrigações devidas ao Fornecedor, no valor de $ 10.000.
7. Recebimento de parte de direitos junto a Clientes, no valor de $ 2.000.

2.10 Origens e aplicações dos recursos

Vimos que a palavra **Capital** representa um elemento do grupo do Patrimônio Líquido e que, quando da constituição de uma empresa, corresponde à soma dos valores com os quais o proprietário inicia suas atividades. Entretanto, na Contabilidade, quando a palavra **Capital** está acompanhada do adjetivo **total**, compondo a expressão **Capital total** à disposição da empresa, ela representa os recursos totais que a empresa possui.

Observe o patrimônio representado a seguir:

BALANÇO PATRIMONIAL DA EMPRESA COMERCIAL DIAS			
ATIVO		PASSIVO	
Caixa	500	Fornecedores	350
Estoque de Mercadorias	200	Capital	800
Duplicatas a Receber	50		
Móveis e Utensílios	100		
Veículos	300		
Total	1.150	Total	1.150

Note que o Capital nominal da empresa é de $ 800, e o Capital à disposição da empresa, ou Capital total, é de $ 1.150.

Conforme já dissemos, todos os nomes, títulos ou denominações utilizados pela Contabilidade são assim aplicados com muita lógica.

Chegou o momento de você saber por que o patrimônio da empresa é representado pelo Balanço Patrimonial em um gráfico de dois lados, por que ambos os lados apresentam o mesmo total e, ainda, por que o valor do patrimônio não é igual à soma dos dois totais encontrados em cada um dos lados do Balanço Patrimonial.

Para começar, o que a representação gráfica denominada "Balanço Patrimonial" mostra?

Respondemos que o lado do Passivo mostra a Origem dos Capitais, isto é, como a empresa conseguiu os recursos que possui; e o lado do Ativo mostra a aplicação dos Capitais, isto é, em que a empresa aplicou os recursos originados, conforme mostra o lado do Passivo.

Veja, a seguir, o que vêm a ser a origem e a aplicação dos recursos.

2.10.1 Passivo: origem dos recursos

No lado do Passivo, como você já sabe, são representados dois grupos de elementos patrimoniais:

a) **Obrigações:** correspondem à parte do patrimônio que a empresa deve a terceiros. Por isso, as obrigações são também chamadas de capitais de terceiros.
No desenvolvimento normal de suas atividades, a empresa efetua diariamente uma série de operações que poderão acarretar obrigações, as quais serão representadas por Duplicatas a Pagar, Salários a Pagar, Impostos a Pagar, Empréstimos a Pagar etc. Essas obrigações terão de ser pagas a fornecedores, empregados, Governo, bancos etc.

b) **Patrimônio Líquido:** é a parte do patrimônio que pertence ao proprietário da empresa. São os capitais próprios, que podem se originar de duas fontes:
- **Recursos do Proprietário:** é o caso do Capital Inicial e dos aumentos posteriores, quando esses aumentos forem efetuados com recursos do proprietário, oriundos de fora da empresa.
- **Evolução normal da empresa:** a movimentação do patrimônio gera acréscimos no Patrimônio Líquido, em decorrência dos lucros apurados.

Esses lucros poderão estar retidos no patrimônio com alguma finalidade, como é o caso das Reservas, ou retidos para futuras destinações, como é o caso dos Lucros Acumulados.

2.10.2 Ativo: aplicação dos recursos

Os capitais próprios e de terceiros, cujas origens são demonstradas por meio dos elementos que compõem o Passivo, são aplicados na empresa em bens e direitos, conforme mostram os elementos que compõem o **Ativo**. Portanto, os recursos que a empresa utilizou para ter em seu Ativo os bens e os direitos foram obtidos conforme mostram os elementos do Passivo.

Resumindo:

a) Passivo (origem dos recursos)
- Obrigações = capitais de terceiros
- Patrimônio Líquido = capitais próprios

b) Ativo (aplicação dos recursos)
- Bens
- Direitos

Atividades Teóricas

1. Responda:
   1.1 O que são capitais de terceiros? Cite três exemplos.
   1.2 O que é capital próprio? Cite dois exemplos.

2. **Escolha a alternativa correta:**
   2.1 O Patrimônio Líquido representa:
   a) Capitais próprios.
   b) Aplicações de capitais.
   c) Ativo total.
   d) Capitais de terceiros.
   e) Nenhuma das alternativas anteriores.

   2.2 As obrigações representam:
   a) Aplicações de capitais.
   b) Capitais de terceiros.
   c) Capitais próprios.
   d) Direitos a receber.
   e) Nenhuma das alternativas anteriores.

Atividades Práticas

Prática 1

Crie uma situação patrimonial representando-a graficamente por meio do Balanço Patrimonial. Tal situação deverá conter:
a) dois elementos que representem capitais próprios;
b) seis elementos que representem capitais de terceiros;
c) dez elementos que representem a aplicação desses capitais.

Prática 2

Represente graficamente, após cada fato apresentado, a Situação Patrimonial da empresa, considerando-a em evolução, isto é, cada gráfico representado deve ser igual ao gráfico anterior, modificado pelas operações subsequentes:

2.1 Investimento inicial:
   a) Em dinheiro $ 200
   b) Em móveis $ 100
2.2 Compras efetuadas:
   a) Mercadorias, em dinheiro $ 50
   b) Veículos, a prazo, mediante aceite de duplicatas $ 130
2.3 Vendas de Mercadorias, à vista, por $ 20.
2.4 Venda de Mercadorias, a prazo, com aceite de duplicatas, no valor de $ 20.
2.5 Empréstimo obtido junto ao Banco Cardoso S/A, mediante nossa emissão de Nota Promissória, no valor de $ 80.
2.6 Pagamento, em dinheiro de uma duplicata de nosso aceite, no valor de $ 30.
2.7 Recebimento, em dinheiro, de uma duplicata no valor de $ 10.

Prática 3

Identifique as operações que deram origem às situações patrimoniais a seguir representadas. Considere o patrimônio em evolução, isto é, compare o gráfico do item em análise sempre com o gráfico anterior e responda qual ou quais foram os fatos que provocaram tais modificações.

Observe que, na Prática 2, você partiu de fatos e elaborou as representações gráficas; nesta prática, o raciocínio é invertido, ou seja, você já tem o gráfico pronto e deverá compará-lo sempre com o anterior para descobrir o fato ou os fatos que provocaram as modificações.

BALANÇO PATRIMONIAL			
ATIVO		PASSIVO	
Caixa	24.000	Capital	24.000

BALANÇO PATRIMONIAL			
ATIVO		PASSIVO	
Caixa	24.000	Duplicatas a Pagar	6.000
Móveis e Utensílios	6.000	Capital	24.000
Total	30.000	Total	30.000

BALANÇO PATRIMONIAL			
ATIVO		PASSIVO	
Caixa	10.000	Duplicatas a Pagar	6.000
Móveis e Utensílios	6.000	Capital	24.000
Veículos	14.000		
Total	30.000	Total	30.000

BALANÇO PATRIMONIAL			
ATIVO		PASSIVO	
Caixa	4.000	Capital	24.000
Móveis e Utensílios	6.000		
Veículos	14.000		
Total	24.000	Total	24.000

CAPÍTULO 3

CONTAS

3.1 Conceito

Em sua linguagem cotidiana, o que representa a palavra **conta**? Certamente você responderá que pode ser:

a) uma conta de água e esgoto, de energia elétrica ou de telefone;
b) uma conta-corrente bancária;
c) uma operação aritmética de soma, subtração, multiplicação ou divisão;
d) uma conta que temos para pagar na loja, na padaria, no açougue etc.

Veja o conceito do ponto de vista técnico: conta é o nome técnico dado aos componentes patrimoniais (bens, direitos, obrigações e Patrimônio Líquido) e aos elementos de resultado (despesas e receitas).

Até o presente, quando nos referimos aos componentes patrimoniais, falamos em elementos. Por exemplo: elemento Caixa, elemento Veículos, elemento Móveis e Utensílios, elemento Duplicatas a Pagar etc. Agora, nada de novo será apresentado; simplesmente, quando nos referirmos aos componentes patrimoniais, não mais diremos elementos, e sim contas (conta Caixa, conta Veículos, conta Móveis e Utensílios, conta Duplicatas a Pagar etc.).

Para que servem as contas? É por meio delas que a Contabilidade consegue desempenhar seu papel, que consiste no registro e no controle de todos os acontecimentos responsáveis pela movimentação do patrimônio. Por isso, os profissionais da Contabilidade devem dedicar especial atenção às contas.

Imagine a conta como se fosse uma ficha ou uma folha de papel em que o profissional da Contabilidade anota os dados correspondentes à movimentação de entradas e saídas de valores de cada um dos elementos patrimoniais ou de resultado.

Haverá uma conta (folha, ficha) para cada elemento patrimonial ou de resultado. A conta Caixa, por exemplo, é uma das contas mais movimentadas no dia a dia da maior parte das empresas. A todo instante ocorrem entradas e saídas de dinheiro no Caixa. Pois bem, todos os fatos correspondentes a essas entradas e saídas de dinheiro ficam registrados na folha ou ficha destinada ao controle da conta Caixa. Assim, nos registros contábeis, haverá uma conta para cada elemento, seja ele do grupo dos bens, dos direitos, das obrigações e do Patrimônio Líquido; seja do grupo das despesas ou das receitas. Portanto, todos os acontecimentos que ocorrem na empresa, responsáveis pela movimentação do seu patrimônio, como as compras, as vendas, os pagamentos e os recebimentos, são registrados em livros próprios por meio das contas.

3.2 Classificação das contas

As contas podem ser classificadas de acordo com vários critérios. Entretanto, aquele que nos interessa neste momento é o que as classifica em dois grupos (Teoria Patrimonialista[1]):

a) contas patrimoniais;
b) contas de resultado.

---

[1] As teorias das contas mais conhecidas são: Personalística, Materialista e Patrimonialista. Veja mais detalhes no subtítulo 3.6.

3.2.1 Contas patrimoniais

As **contas patrimoniais** você já conhece, pois até aqui só nos referimos a elas; representam os bens, os direitos, as obrigações e o Patrimônio Líquido. Dividem-se em ativas e passivas, e são elas que representam o patrimônio da empresa em dado momento, por meio do Balanço Patrimonial.

Veja:

BALANÇO PATRIMONIAL	
ATIVO	**PASSIVO**
BENS	OBRIGAÇÕES
Caixa	Fornecedores
Veículos	Duplicatas a Pagar
DIREITOS	PATRIMÔNIO LÍQUIDO
Duplicatas a Receber	Capital
Promissórias a Receber	Reservas

3.2.2 Contas de resultado

As **contas de resultado** você ainda não conhece. Elas dividem-se em contas de despesa e contas de receitas. Aparecem durante o exercício social,[2] encerrando-se no final dele. Não fazem parte do Balanço Patrimonial, mas é por meio delas que ficamos sabendo, no final de cada exercício social, se a movimentação do patrimônio durante o referido exercício resultou em lucro ou em prejuízo. Vamos estudá-las agora.

3.2.2.1 *Despesas*

Basicamente, as despesas decorrem do consumo de bens ou da utilização de serviços. Por exemplo, haverá despesa quando ocorrer consumo de: materiais de limpeza (sabões, desinfetantes, vassouras, detergentes), de café, de materiais de expediente (canetas, papéis, cartuchos de tintas para impressoras, impressos e outros), de combustíveis pelos automóveis, de energia elétrica etc. Haverá despesa, também, quando a empresa utilizar serviços de terceiros, como empregados, advogados, engenheiros, despachantes, encanadores, pedreiros etc.

As despesas são registradas pela Contabilidade por meio das contas de resultado. Lendo os exemplos de contas de despesas a seguir, você identificará facilmente o tipo de despesa correspondente a cada uma delas:

- água e esgoto;
- aluguéis passivos;
- café e lanches;
- contribuições à previdência;
- descontos concedidos;

---

[2] **Exercício social** ou **exercício contábil** compreende períodos de igual duração em que a empresa opera; geralmente tem duração de um ano. No final desses períodos, as empresas apuram seus resultados e elaboram as demonstrações contábeis.

- despesas bancárias;
- energia elétrica;
- fretes e carretos;
- impostos;
- juros passivos;
- material de expediente;
- material de limpeza;
- prêmios de seguro;
- salários.

3.2.2.2 *Receitas*

Basicamente, as receitas decorrem da venda de bens ou da prestação de serviços. Existem em número menor que as despesas, sendo as mais comuns representadas pelas seguintes contas:

- Aluguéis Ativos;
- Descontos Obtidos;
- Juros Ativos;
- Receitas de Serviços;
- Vendas de Mercadorias.

Há contas de resultado que podem aparecer tanto no grupo das despesas quanto no grupo das receitas. É o caso dos Aluguéis, dos Juros e dos Descontos.

Como saber quando tais contas representam despesas e quando representam receitas? A identificação seria muito fácil se os títulos dessas contas fossem precedidos das palavras **Despesas** ou **Receitas**, assim: **Despesas de Aluguéis**, **Despesas de Juros**, **Receitas de Aluguéis**, **Receitas de Juros** etc. Contudo, como nem sempre isso ocorre, acompanhe as explicações a seguir.

Na Língua Portuguesa, conforme já dissemos, há palavras que têm vários significados, dependendo de sua colocação. Alertamos você para analisar com cuidado os adjetivos que apresentaremos a seguir. Veja a diferença entre uma conta de Aluguéis que representa despesa e uma conta de Aluguéis que representa receita:

- A conta Aluguéis Passivos é conta de despesa.
- A conta Aluguéis Ativos é conta de receita.

A diferença está nos adjetivos empregados. Note que as palavras **Passivos** e **Ativos** não têm ligação alguma com Ativo e Passivo do Balanço Patrimonial. Portanto, a palavra **Ativos**, colocada após a palavra **Aluguéis**, é utilizada como adjetivo, qualificando os Aluguéis como positivos, logo, receita. Em contrapartida, a conta Aluguéis Passivos não é do Passivo; representa, sim, Aluguéis negativos, logo, despesa. O mesmo raciocínio deve ser aplicado às contas que registram juros:

- a conta Juros Ativos é conta de receita;
- a conta Juros Passivos é conta de despesa.

> **notas**
> - A conta utilizada para registro das despesas com aluguéis poderá ter uma das seguintes denominações: Aluguéis Passivos, Aluguéis Pagos, Despesas de Aluguéis ou outra semelhante.
> - A conta utilizada para registro das receitas com aluguéis poderá receber uma das seguintes denominações: Aluguéis Ativos, Aluguéis Recebidos, Receitas de Aluguéis ou outra semelhante.
> - A conta utilizada para registro das despesas com juros poderá receber uma das seguintes denominações: Juros Passivos, Juros Pagos, Despesas de Juros ou outra semelhante.
> - A conta utilizada para registro das receitas com juros poderá receber uma das seguintes denominações: Juros Ativos, Juros Recebidos, Receitas de Juros ou outra semelhante.

No caso dos descontos, são despesas quando concedidos pela empresa; daí serem registrados com o título Descontos Concedidos, e são receitas quando obtidos pela empresa; daí serem registrados com o título Descontos Obtidos.

Veja melhor: José, nosso cliente, vem à nossa empresa pagar uma Duplicata no valor de $ 1.000. Ao recebermos o valor da Duplicata, damos um desconto de 5%. Logo, recebemos $ 950. Os $ 50 que deixamos de receber referem-se a Descontos Concedidos (despesa).

Outro caso: nossa empresa pagará ao fornecedor uma Duplicata no valor de $ 5.000. Ao efetuarmos o pagamento, ganhamos um desconto de 10%. Logo, pagamos apenas $ 4.500. Os $ 500 que deixamos de pagar representam, para nossa empresa, uma receita, que será registrada na conta Descontos Obtidos.

Voltaremos a explicar mais detalhadamente esses casos no Capítulo 6.

LEITURA COMPLEMENTAR

Aluguéis

Você sabia que Aluguéis Ativos, Aluguéis a Receber, Aluguéis Passivos e Aluguéis a Pagar correspondem a quatro contas diferentes? Se você imaginar, conforme já sugerimos, que a conta nada mais é que uma ficha (ou uma folha de papel), na qual são armazenados dados correspondentes a um único elemento, não confundirá aluguel que representa receita com aluguel que representa direito, despesa ou obrigação.

Quando você estiver diante da conta Aluguéis Ativos, por exemplo, pense assim: "tenho em mãos uma ficha de papel denominada Aluguéis Ativos, na qual constam os registros das receitas com aluguéis"; logo, essa conta representa receita. O direito, a despesa ou a obrigação relativos a aluguéis estarão registrados em outras fichas, como Aluguéis a Receber, Aluguéis Passivos ou Aluguéis a Pagar.

Com relação às contas, a Contabilidade funciona da seguinte maneira: imagine o registro contábil como se fosse um grande fichário, dividido em quatro grupos de Fichas:

- **grupo 1:** contas patrimoniais ativas;
- **grupo 2:** contas patrimoniais passivas;
- **grupo 3:** contas de resultado despesas;
- **grupo 4:** contas de resultado receitas.

LEITURA COMPLEMENTAR

Dentro desses grupos, cada Ficha corresponde a uma conta.

Veja melhor: suponhamos que nossa empresa possua um imóvel e alugue-o a um locatário (inquilino), que pagará mensalmente a importância de $ 100. Como o locador geralmente recebe o valor do aluguel de um mês vencido, nos primeiros dias do mês seguinte, a referida receita ganha em um mês, porém, ainda não recebida naquele mês, deverá ser registrada pela empresa no último dia desse mês, da seguinte maneira:

O aluguel ganho no mês de janeiro, que será recebido no início de fevereiro, deverá ser registrado no mês de janeiro, como segue:

a) No fichário das contas, no grupo das contas de resultado (receitas), pega-se a Ficha destinada ao registro das receitas com aluguéis, denominada Aluguéis Ativos, e lança-se nessa conta o valor de $ 100, que corresponde à receita de aluguel ganha em janeiro.

b) No grupo das contas patrimoniais ativas, pega-se a Ficha destinada ao registro do direito, denominada Aluguéis a Receber, e lança-se nessa ficha um direito no valor de $ 100, correspondente ao aluguel ganho em janeiro, que será recebido no dia 10 de fevereiro.

Em 10 de fevereiro: o locatário (inquilino) vem até a empresa e paga o valor correspondente ao aluguel de janeiro.

a) No fichário, no grupo das Contas patrimoniais ativas, pega-se a Ficha destinada ao controle das entradas e saídas de dinheiro, denominada Caixa, na qual é lançada a entrada de $ 100 em dinheiro, correspondente à receita de aluguel ganha em janeiro e recebida nessa data.

b) No grupo das Contas patrimoniais ativas, pega-se a Ficha destinada ao registro do direito com Aluguel, denominada Aluguéis a Receber, na qual consta que temos a receber $ 100, e damos baixa nesse valor. É como se o riscássemos, anulando a conta Aluguéis a Receber.

Pois bem, é assim que procedemos durante todo o ano no que diz respeito às receitas com aluguéis. Quando chegarmos a 31 de dezembro, também efetuaremos o mesmo procedimento que efetuamos no final de cada mês. Assim, se neste último dia do ano consultarmos a Ficha da conta Aluguéis Ativos, notaremos que nela constará o valor de $ 1.200, que corresponde ao somatório das receitas de Aluguéis ganhas durante todo o ano e que foram acumuladas nessa conta; se, porém, consultarmos a Ficha da conta Aluguéis a Receber, perceberemos que nela constará apenas o valor de $ 100, que corresponde ao aluguel de dezembro, a ser recebido em janeiro do próximo ano.

Portanto, você não pode confundir uma conta utilizada para o registro de receita (Aluguéis Ativos) com uma conta utilizada para o registro de direito (Aluguéis a Receber), pois cada uma delas tem função distinta na Contabilidade.

O mesmo procedimento deve ser adotado com relação aos Aluguéis Passivos (despesa), Aluguéis a Pagar (obrigação), Juros Ativos (receitas), Juros a Receber (direito), Juros Passivos (despesa) e Juros a Pagar (obrigação).

3.2.2.3 *Impostos*

Somente o Governo pode cobrar impostos. Portanto, as empresas nunca terão direitos nem receitas dessa natureza.

No Brasil, imposto é uma modalidade de tributo. Existem outras modalidades de tributo, como as taxas, as contribuições de melhoria etc.

Os impostos mais comuns são aqueles incidentes sobre a circulação de mercadorias e sobre o lucro apurado pelas empresas. O mesmo raciocínio desenvolvido para as contas que registram os Aluguéis aplica-se também aos impostos, ressaltando-se que, neste caso, como não podem ocorrer receitas, somente duas contas figurarão na Contabilidade: Impostos (para registrar as despesas) e Impostos a Pagar (para registrar as obrigações).

3.2.2.4 *Salários*

Os salários correspondem às remunerações pagas aos empregados pelos serviços por eles prestados à empresa. Logo, salários são despesas da empresa, nunca receitas.

O mesmo raciocínio desenvolvido para os aluguéis aplica-se também aos salários, ressaltando-se que, neste caso, apenas duas contas aparecerão na Contabilidade: Salários (conta de despesa) – acumula, mês a mês, a despesa com o salário do pessoal; e Salários a Pagar (conta de obrigação) – registra o compromisso da empresa enquanto o salário não tiver sido pago.

3.2.2.5 *Seguros*

Para efeito didático, não contabilizaremos, neste livro, a movimentação do patrimônio de uma empresa de seguros. Por isso, apenas duas contas aparecerão na nossa Contabilidade: uma representativa da despesa, e outra, representativa da obrigação.

A despesa com seguro normalmente é contabilizada na Conta de despesa denominada Prêmios de Seguro, e a conta de obrigação, na conta denominada Prêmios de Seguro a Pagar.

Atividades Teóricas

1. **Responda:**
    1.1 O que são contas de resultado e como se dividem?
    1.2 O que são contas patrimoniais e como se dividem?

2. **Resolva:**
    2.1 Leia com atenção as afirmativas:
    I. As receitas decorrem do consumo de bens ou da prestação de serviços.
    II. As despesas decorrem da venda de bens e do consumo de serviços.
    III. As contas patrimoniais servem para apurar o Resultado do Exercício.
    IV. As contas do Ativo significam contas de despesa.

Agora, escolha a alternativa correta:
- a) Somente as alternativas I e III estão incorretas.
- b) Todas as alternativas estão corretas.
- c) Somente a I alternativa está incorreta.
- d) Todas as alternativas estão incorretas.
- e) As alternativas I e II estão corretas.

3. Responda:

3.1 O que você entende por despesa? Cite três exemplos.

3.2 O que você entende por receitas? Cite três exemplos.

3.3 Do ponto de vista técnico-contábil, o que é conta?

3.4 Para que servem as contas de resultado?

3.5 Todas as contas utilizadas pela Contabilidade, segundo a Teoria Patrimonialista, dividem-se em dois grupos. Quais são eles?

3.6 No Ativo, encontramos contas que representam que espécie de elementos?

3.7 No Passivo, encontramos contas que representam que espécie de elementos?

3.8 O que é exercício social ou exercício contábil?

3.9 Como podemos saber quando as contas Aluguéis, Juros e Descontos representam receitas ou despesas?

4. Escolha a alternativa correta:

4.1 Qual das contas a seguir representa despesa?
- a) Aluguéis Ativos.
- b) Aluguéis Passivos.

4.2 Qual das contas a seguir representa receita?
- a) Juros Ativos.
- b) Juros Passivos.

4.3 A conta Descontos concedidos é de:
- a) Receita.
- b) Despesa.

4.4 A conta Descontos Obtidos é de:
- a) Receita.
- b) Despesa.

4.5 Assinale a alternativa que contém somente contas de receitas:
- a) Aluguéis Ativos, Juros Ativos e Descontos Concedidos.
- b) Aluguéis Pagos, Juros Ativos e Aluguéis Recebidos.
- c) Aluguéis Passivos, Prêmios de Seguro e Descontos Obtidos.
- d) Juros Passivos, Juros Ativos e Descontos Obtidos.
- e) Aluguéis Ativos, Juros Ativos, Receitas de Serviços e Descontos Obtidos.

3.3 Primeiras noções de Débito e Crédito

Mais um alerta para não confundir termos da linguagem comum quando utilizados na terminologia contábil.

3.3.1 Débito

Na linguagem comum, débito significa dívida, situação financeira negativa, estar em débito com alguém, estar devendo para alguém etc.

Quando falarmos na palavra **débito**, procure não ligar seu significado do ponto de vista técnico com o que ela representa na linguagem comum. Na terminologia contábil, essa palavra tem vários significados, os quais raramente correspondem aos da linguagem comum. Quando o aluno principiante no estudo da Contabilidade não se conscientiza disso, dificilmente aceita que débito pode representar elementos positivos, o que prejudica sensivelmente a aprendizagem. Portanto, muito cuidado com a terminologia.

Neste tópico, é importante memorizar o seguinte:

a) Na representação gráfica em forma de "T" que estamos utilizando para representar as contas que compõem o patrimônio (Balanço Patrimonial), o lado esquerdo é o lado do débito.
b) Na representação gráfica, também em forma de "T", que vamos utilizar para representar as contas de resultado, o lado esquerdo é o lado do débito.

3.3.2 Crédito

Na linguagem comum, significa:

- direito;
- situação positiva;
- ter crédito com alguém;
- poder comprar a prazo etc.

Na terminologia contábil, a palavra **crédito** também tem vários significados. As mesmas observações que fizemos para a palavra **débito** aplicam-se à palavra **crédito**. Portanto, neste momento é importante memorizar o seguinte:

a) Na representação gráfica em forma de "T" que estamos utilizando para representar as contas que compõem o patrimônio (Balanço Patrimonial), o lado direito é o lado do crédito;
b) Na representação gráfica, também em forma de "T", que vamos utilizar para representar as contas de resultado, o lado direito é o lado do crédito.

CONTAS PATRIMONIAIS	
ATIVO = DÉBITO	PASSIVO = CRÉDITO
Bens (+)	Obrigações (−)
Direitos (+)	Patrimônio Líquido (+ ou −)

CONTAS DE RESULTADO	
DÉBITO	CRÉDITO
Despesas (−)	Receitas (+)

3.3.3 Observações finais sobre as primeiras noções de débito e crédito

Parece realmente estranho dizer que Ativo é igual a débito, não é? Isso ocorre porque, para nós, débito tem os significados que já comentamos. Na realidade, há muita lógica em chamar de débito o lado do Ativo. Existem até teorias que explicam tal fato. Preferimos ficar, por enquanto, com a seguinte convenção:

- Na Contabilidade, em toda representação gráfica em forma de "T", o lado esquerdo será sempre o lado do débito, e o direito, o do crédito.

Como no Balanço Patrimonial apresentado no gráfico em forma de "T" as contas do Ativo foram naturalmente posicionadas do lado esquerdo, e as do Passivo, do lado direito, temos que:

a) as contas do Ativo são de natureza devedora;
b) as contas do Passivo são de natureza credora.

Da mesma forma, como no gráfico em forma de "T" utilizado para representar as contas de resultado, as contas de despesa foram naturalmente posicionadas do lado esquerdo, e as de receitas, do lado direito, temos que:

a) as contas de despesas são de natureza devedora;
b) as contas de receitas são de natureza credora.

3.4 Função e funcionamento das contas

As contas têm por função possibilitar que a Contabilidade registre e controle as operações que modifiquem ou que possam vir a modificar a situação patrimonial da entidade.
    Na Seção 5.4 você perceberá que o funcionamento das contas se dá por meio dos débitos e dos créditos nelas lançados.

3.5 Plano de contas

Até aqui, você ficou sabendo que as contas são importantíssimas para os registros contábeis. São elas que permitem a escrituração dos acontecimentos responsáveis pela movimentação do patrimônio da empresa.

Todo profissional da Contabilidade, ao proceder à escrituração contábil, deve ter em mãos uma relação de todas as contas necessárias ao seu processo contábil.

O que é, então, o **Plano de Contas**? É um conjunto de contas, diretrizes e normas que disciplina as tarefas do Setor de Contabilidade, visando à uniformização dos registros contábeis.

É um instrumento de grande importância no desenvolvimento do processo contábil de qualquer tipo de entidade. Cada entidade deve elaborar seu Plano de Contas, que, além de estar em conformidade com as normas internacionais de Contabilidade, deve atender a seus interesses e, principalmente, à legislação nacional pertinente.

No Brasil, o Plano de Contas deve obedecer às disposições contidas na Lei n. 6.404, de 15 de dezembro de 1976 (Lei das Sociedades por Ações). Para atender ao estágio de estudo em que você se encontra, o Elenco de Contas apresentado na Seção 3.5.2 contém apenas as contas suficientes para a resolução das Atividades Teóricas e Práticas propostas neste livro.

- Após o Elenco de Contas, você encontrará, na Seção 3.5.3, informações que o auxiliarão a manuseá-lo adequadamente.
- Mesmo simplificando, mantivemos determinadas contas ou grupos de contas que, certamente, não são muito claros para você neste momento dos estudos. A sequência normal da matéria vai levá-lo a dominar todos esses pontos.

3.5.2 Elenco de Contas simplificado

Gráfico I

CONTAS PATRIMONIAIS	
1. ATIVO	2. PASSIVO
1.1 ATIVO CIRCULANTE	2.1 PASSIVO CIRCULANTE
1.1.01 Caixa	2.1.01 Fornecedores
1.1.02 Bancos conta Movimento	2.1.02 Duplicatas a Pagar
1.1.03 Clientes	2.1.03 Promissórias a Pagar
1.1.04 Duplicatas a Receber	2.1.04 Salários a Pagar
1.1.05 Promissórias a Receber	2.1.05 Impostos e Taxas a Receber
1.1.06 Estoque de Mercadorias	
1.1.07 Estoque de Material de Expediente	
1.2 ATIVO NÃO CIRCULANTE	2.2 PASSIVO NÃO CIRCULANTE
1.2.01 Duplicatas a Receber	2.2.01 Duplicatas a Pagar
1.2.02 Promissórias a Receber	2.2.02 Promissórias a Pagar
1.2.03 Computadores	
1.2.04 Imóveis	
1.2.05 Instalações	2.3 PATRIMÔNIO LÍQUIDO
1.2.06 Móveis e Utensílios	2.3.01 Capital
1.2.07 Veículos	2.3.02 Lucros Acumulados
1.2.08 Fundo de Comércio	

Gráfico II

CONTAS DE RESULTADO	
3. DESPESAS	**4. RECEITAS**
3.1 DESPESAS OPERACIONAIS	4.1 RECEITAS OPERACIONAIS
3.1.01 Água e Esgoto	4.1.01 Aluguéis Ativos
3.1.02 Aluguéis Passivos	4.1.02 Descontos Obtidos
3.1.03 Café e Lanches	4.1.03 Juros Ativos
3.1.04 Combustíveis	4.1.04 Receitas Eventuais
3.1.05 Descontos Concedidos	4.1.05 Receitas de Serviços
3.1.06 Despesas Bancárias	
3.1.07 Despesas (ou Gastos) de Organização	
3.1.08 Energia Elétrica	
3.1.09 Fretes e Carretos	
3.1.10 Impostos e Taxas	
3.1.11 Juros Passivos	
3.1.12 Material de Expediente	
3.1.13 Material de Limpeza	
3.1.14 Serviços de Terceiros	
3.1.15 Telefones	
3.1.16 Despesas Eventuais	
5. CONTAS DE APURAÇÃO DO RESULTADO	
5.1 RESULTADO LÍQUIDO	
5.1.01 Resultado do Exercício	

3.5.3 Informações sobre o Elenco de Contas simplificado

Para que serve o **Elenco de Contas**? Daqui em diante, toda vez que procedermos à escrituração, precisaremos consultar esse Elenco de Contas.

Para facilitar, dividimos as contas em dois gráficos:

- No Gráfico I, colocamos as contas patrimoniais.
- No Gráfico II, colocamos as contas de resultado.

O que é **código da conta**? É o número que você encontra à esquerda de cada conta e que facilita seu manuseio. Note que os códigos das contas começam pelos seguintes algarismos:

ALGARISMOS	CONTAS
1	Contas do Ativo
2	Contas do Passivo
3	Contas de Despesas
4	Contas de Receitas
5	Contas de apuração do resultado

3.5.3.1 *Informações sobre o Gráfico I*

Antes que tivéssemos apresentado o Elenco de Contas Simplificado, você havia aprendido que contas patrimoniais são aquelas que representam, por meio do Balanço Patrimonial, a situação do patrimônio da empresa, dividindo-se em ativas e passivas. Você ficou sabendo, também, que o lado do Ativo é composto pelos bens e pelos direitos e que o lado do Passivo é composto pelas obrigações e pelo Patrimônio Líquido. Porém, no Balanço Patrimonial, essas contas patrimoniais são agrupadas em grupos e subgrupos, conforme determinam as normas internacionais de Contabilidade.

Para facilitar, conforme nosso propósito, elaboramos o Elenco de Contas utilizando apenas os grupos principais.

CONTAS PATRIMONIAIS

1. ATIVO

No Ativo você encontra todas as contas que representam os bens e os direitos, devidamente classificadas em dois grupos: Ativo Circulante e Ativo Não Circulante.

A ordem de disposição das contas no Ativo é a ordem decrescente do grau de liquidez dos elementos nelas registrados.

Grau de liquidez é o maior ou menor prazo no qual bens e direitos podem ser transformados em dinheiro. Por exemplo, os Estoques de Mercadorias serão transformados em dinheiro quando forem vendidos à vista, as Duplicatas a Receber, quando forem recebidas, e assim por diante. A conta Caixa e a conta Bancos conta Movimento são as que apresentam maior grau de liquidez, pois representam disponibilidades imediatas. Por isso, são as primeiras contas que aparecem no Elenco de Contas.

1.1 Ativo Circulante

Neste grupo, você encontra classificadas todas as contas que representam os bens e os direitos que, pela natureza de cada um, estão em constante circulação. Correspondem aos recursos aplicados em elementos que estão em frequente movimento, por exemplo, a conta Caixa, que a todo instante está sendo movimentada (entra e sai dinheiro); o mesmo ocorre com as contas de Estoque, Bancos conta Movimento etc.

São classificadas, também no Ativo Circulante, todas as contas representativas de direitos cujos vencimentos sejam inferiores a 12 meses, isto é, cujos vencimentos ocorram durante o exercício social seguinte ao do Balanço no qual elas estiverem sendo classificadas.

1.2 Ativo Não Circulante

Neste grupo você encontra classificadas todas as contas que representam a aplicação de recursos em direitos realizáveis em longo prazo, bem como em bens de uso e em bens imateriais. Os direitos realizáveis em longo prazo são aqueles cujos vencimentos ocorrem após 12 meses da data do Balanço, ou seja, após o término do exercício social seguinte ao do Balanço em que as contas estiverem sendo classificadas.

Suponhamos que, no dia 31 de dezembro de X3, você esteja levantando o Balanço de uma empresa. Neste caso, todos os direitos cujos vencimentos ocorrem em X4 deverão ser classificados no Ativo Circulante; já os direitos cujos vencimentos ocorram a partir de 1º de janeiro de X5 deverão ser classificados no Ativo Não Circulante, uma vez que eles vencerão após o término do exercício seguinte ao do Balanço (exercício do Balanço = X3; exercício seguinte ao do Balanço = X4; período considerado após o término do exercício seguinte ao do Balanço = X5 em diante).

Os bens de uso são aqueles necessários ao desenvolvimento das atividades normais da empresa, como é o caso dos Móveis e Utensílios, dos Computadores, dos Veículos etc.

Os bens imateriais correspondem a determinados gastos realizados pela empresa que, em razão de sua natureza, devem ser ativados como Fundo de Comércio, Marcas e Patentes etc.

São classificadas, ainda no Ativo Não Circulante, as contas representativas de investimentos no capital de outras empresas, assunto que não será tratado no presente livro, dado seu caráter introdutório.

2. PASSIVO

No Passivo, você encontra as contas que representam as obrigações e o Patrimônio Líquido devidamente classificadas em três grupos: Passivo Circulante, Passivo Não Circulante e Patrimônio Líquido.

A ordem de disposição das contas no Passivo é a ordem decrescente do grau de exigibilidade.

Grau de exigibilidade é o maior ou menor prazo em que as obrigações devem ser pagas.

2.1 Passivo Circulante

Neste grupo são classificadas todas as contas que representam as obrigações que a empresa terá de pagar no exercício seguinte ao do Balanço.

2.2 Passivo Não Circulante

Neste grupo são classificadas todas as contas que representam as obrigações que a empresa terá de pagar após o término do exercício social seguinte ao do Balanço.

2.3 Patrimônio Líquido

Neste grupo são classificadas todas as contas que representam o capital próprio. No Elenco de Contas Simplificado, apresentamos apenas duas contas: Capital e Lucros Acumulados. Contudo, você já sabe que podem figurar neste grupo, ainda, as contas representativas das Reservas e dos Prejuízos Acumulados, conforme já estudamos na Seção 2.6.

É importante saber, neste momento dos estudos, que, se no Patrimônio Líquido figurar a conta Prejuízos Acumulados, não figurará a conta Lucros Acumulados, uma vez que, havendo prejuízo em determinado exercício, este deverá ser compensado com os lucros acumulados apurados em exercícios anteriores. Contudo, você já aprendeu que a empresa pode optar por utilizar a conta "Lucros ou Prejuízos Acumulados" para representar lucro ou prejuízo. Neste caso, essa conta figurará no Patrimônio Líquido com sinal negativo, quando corresponder a prejuízo.

3.5.3.2 *Informações sobre o Gráfico II*

As contas de resultado dividem-se em dois grupos: despesas e receitas.

Conforme já dissemos, é por meio dessas contas que podemos conhecer o resultado da movimentação do patrimônio da empresa, ou seja, se em determinado período a empresa apurou lucro ou prejuízo em suas transações.

E como isso se dá? Confrontando-se as despesas com as receitas.

Observe que consta, no final do gráfico II do Elenco de Contas, o grupo 5.

Este grupo é composto apenas pela conta Resultado do Exercício. É por meio desta conta que confrontamos contabilmente as despesas e as receitas visando conhecer o Resultado do Exercício.

notas

- A numeração das contas de resultado é sequência das contas do Gráfico I (patrimoniais).
- O Resultado do Exercício, lucro ou prejuízo, bem como todas as contas utilizadas para sua apuração, devem ser demonstradas por meio da Demonstração do Resultado do Exercício, que será apresentada de maneira simplificada no Capítulo 8.

LEITURA COMPLEMENTAR

Teoria das Contas

Conforme visto na Seção 3.2, as contas podem ser classificadas de várias maneiras, de acordo com a linha de pensamento estabelecida por seus defensores. Na Itália, no século XV, várias escolas – ou correntes – propiciaram o surgimento de diferentes teorias das contas, das quais destacamos as que foram mais aceitas:

a) **Teoria personalística (defendida por Francesco Marchi e Giuseppe Cerboni):** classifica as contas em três grupos – contas dos agentes consignatários (bens); contas dos agentes correspondentes (direitos e obrigações); e contas do proprietário (Patrimônio Líquido, despesas e receitas);
b) **Teoria materialista (proposta por Fábio Besta):** classifica as contas em dois grupos – contas integrais (bens, direitos e obrigações) e contas diferenciais (Patrimônio Líquido, despesas e receitas);
c) **Teoria patrimonialista (idealizada por Vincenzo Masi):** classifica as contas em dois grupos – contas patrimoniais (bens, direitos, obrigações e Patrimônio Líquido) e contas de resultado (despesas e receitas).

Atividades Teóricas 2

1. **Resolva:**

   1.1 Relacione a coluna da esquerda com a da direita:

   a) Ativo Circulante   ( ) Fornecedores
   b) Ativo Não Circulante   ( ) Caixa
   c) Passivo Circulante   ( ) Imóveis
   d) Patrimônio Líquido   ( ) Água e Esgoto
   e) Despesas Operacionais   ( ) Receitas de Serviços

f) Receitas Operacionais

( ) Clientes
( ) Juros Ativos
( ) Impostos e Taxas a Recolher
( ) Estoque de Mercadorias
( ) Capital
( ) Veículos
( ) Fretes e Carretos
( ) Reservas
( ) Salários
( ) Salários a Pagar

2. **Complete:**
   2.1 As contas representativas de obrigações cujos vencimentos ocorrem no curso do exercício social seguinte ao do Balanço são classificadas no _____.
   2.2 As contas representativas de obrigações cujos vencimentos ocorrem após o término do exercício social seguinte ao do Balanço são classificadas no _____.
   2.3 As contas que representam bens de uso da empresa são classificadas no _____.
   2.4 As contas representativas de direitos cujos vencimentos ocorrem no curso do exercício social seguinte ao do Balanço serão classificadas no _____.

3. **Resolva:**
   3.1 Indique a natureza das contas, colocando as seguintes letras de referência:
   D = Devedora
   C = Credora

   ( ) Caixa
   ( ) Estoque de Mercadorias
   ( ) Fornecedores
   ( ) Veículos
   ( ) Receitas de Serviços
   ( ) Fretes e Carretos
   ( ) Móveis e Utensílios

   ( ) Bancos conta Movimento
   ( ) Duplicatas a Receber
   ( ) Capital
   ( ) Juros Passivos
   ( ) Impostos
   ( ) Impostos e Taxas a Recolher

4. **Responda:**
   4.1 O que você entende por função da Conta?
   4.2 O que é Plano de Contas?
   4.3 Existe um Plano de Contas que deve ser utilizado por todo e qualquer tipo de entidade? Explique.
   4.4 No Brasil, o Plano de Contas deve obedecer às disposições contidas em que Lei?
   4.5 Em quantos grupos principais se divide o Ativo? Quais são?
   4.6 Como se divide o Passivo?
   4.7 Que tipos de contas devem figurar no Passivo Circulante?
   4.8 Que tipos de contas devem figurar no Patrimônio Líquido? Cite dois exemplos.
   4.9 Como se dividem as contas de resultado?
   4.10 Cite dois exemplos de Receitas Operacionais.
   4.11 Cite três exemplos de Despesas Operacionais.

Atividades Práticas ❶

Classifique as contas constantes do quadro a seguir com base nos seguintes códigos:

a) Patrimonial (P) ou Resultado (R).
b) Ativo (A), Passivo (P), Despesa (D) ou Receita (R).
c) Devedora (D) ou Credora (C).
d) Por seus respectivos grupos, conforme o Elenco de Contas: Ativo Circulante (AC), Ativo Não Circulante (ANC), Passivo Circulante (PC), Passivo Não Circulante (PNC), Patrimônio Líquido (PL), Despesas Operacionais (DO) e Receitas Operacionais (RO).

Nº	CONTAS	a	b	c	d
1	Caixa	P	A	D	AC*
2	Água e Esgoto				
3	Aluguéis Ativos				
4	Aluguéis Passivos				
5	Bancos conta Movimento				
6	Fundo de Comércio				
7	Café e Lanches				
8	Capital				
9	Clientes				
10	Computadores				
11	Descontos Concedidos				
12	Descontos Obtidos				
13	Despesas Bancárias				
14	Duplicatas a Pagar				
15	Duplicatas a Receber LP				
16	Estoque de Material de Expediente				
17	Estoque de Mercadorias				
18	Fornecedores				
19	Fretes e Carretos				
20	Gastos de Organização				
21	Imóveis				
22	Impostos e Taxas a Recolher				
23	Instalações				
24	Juros Ativos				
25	Juros Passivos				
26	Material de Expediente				
27	Móveis e Utensílios				
28	Promissórias a Pagar LP				
29	Salários a Pagar				
30	Veículos				

* De acordo com as respostas do modelo, temos: P = Patrimonial; A = Ativo; D = Devedora; AC = Ativo Circulante. Proceda da mesma forma com as demais Contas.

Capítulo 3 • Contas

CAPÍTULO

4

VARIAÇÕES PATRIMONIAIS

4.1 Conceito

O **patrimônio** das empresas está em constante movimento, por causa dos acontecimentos que ocorrem diariamente. Esses acontecimentos podem ser divididos em dois grupos:

- atos administrativos;
- fatos administrativos.

4.2 Atos administrativos

Atos administrativos são os acontecimentos que ocorrem na empresa e que não provocam alterações imediatas no patrimônio. Exemplos: admissão de empregados, assinatura de contratos de compras, vendas e seguros, aval de títulos, fianças em favor de terceiros, hipoteca, penhor etc.

Alguns atos administrativos podem ser considerados relevantes quando seus efeitos possam se materializar no futuro, traduzindo-se em modificações no patrimônio. Esses atos devem ser registrados pela Contabilidade por meio das contas de compensação.

O que são contas de compensação? As contas de compensação, também denominadas contas extrapatrimoniais, constituem um sistema próprio de contas destinado ao registro dos atos administrativos relevantes.

Veja alguns exemplos de atos administrativos considerados relevantes:

- **Aval de Títulos:** ocorre quando nossa empresa avaliza Títulos para Terceiros. Esse Ato coloca em risco o patrimônio da empresa, que se compromete a pagar a dívida caso o devedor (nosso avalizado) não o faça.
- **Contratação de seguros:** ocorre quando nossa empresa contrata, junto a uma companhia seguradora, cobertura de riscos contra incêndio, roubo etc. Trata-se de Ato relevante, uma vez que, ocorrendo o sinistro, nossa empresa será ressarcida do valor do prejuízo.
- **Fianças em favor de terceiros:** ocorre quando nossa empresa se torna fiadora de um Terceiro, prática comum nos contratos de locação de imóveis. Esse Ato põe em risco o patrimônio da empresa, que se obriga a efetuar o pagamento do aluguel caso o devedor (nosso afiançado) não o faça.

Conforme você pôde observar, os atos administrativos relevantes podem provocar modificações futuras no patrimônio, motivo pelo qual devem ser contabilizados por meio das contas de compensação.

- A empresa poderá optar por não contabilizar os atos administrativos relevantes, desde que mantenha mecanismos que permitam acumular as informações que, de outra maneira, estariam controladas nas contas de compensação.

4.3 Fatos administrativos

Fatos administrativos, ou fatos contábeis, são os acontecimentos que provocam variações nos valores patrimoniais, podendo ou não alterar o Patrimônio Líquido.

Por modificarem o patrimônio, devem ser contabilizados por meio das contas patrimoniais e/ou das contas de resultado.

Os fatos administrativos podem ser classificados em três grupos:

- fatos permutativos;
- fatos modificativos;
- fatos mistos.

notas
- Para explicar cada tipo de fato administrativo, partiremos da situação patrimonial representada pelo Balanço Patrimonial da empresa M. Sanches, que será modificada com a ocorrência de cada um dos fatos administrativos apresentados nos exemplos deste capítulo.
- Para facilitar as explicações, classificaremos as contas no Balanço Patrimonial da mesma maneira adotada no Capítulo 2, ou seja, em Bens, Direitos, Obrigações e Patrimônio Líquido, e não de acordo com a classificação contida no Elenco de Contas apresentado no Capítulo 3.

Eis a situação patrimonial da qual partiremos:

BALANÇO PATRIMONIAL DE M. SANCHES				
ATIVO			PASSIVO	
Bens			Obrigações	
Caixa		1.000	Salários a Pagar	300
Imóveis		2.800	Patrimônio Líquido	
Direitos			Capital	3.200
Duplicatas a Receber		500	Lucros Acumulados	800
Total		4.300	Total	4.300

4.3.1 Fatos permutativos

Fatos permutativos são aqueles que provocam permutações entre os elementos componentes do Ativo e/ou do Passivo, sem modificar o valor do Patrimônio Líquido. São também denominados fatos qualitativos. Pode ocorrer troca entre os elementos do Ativo, entre os elementos do Passivo e entre ambos ao mesmo tempo.

4.3.1.1 *Permutação entre elementos do Ativo*

Partindo do Balanço Patrimonial anteriormente apresentado, suponhamos que na empresa M. Sanches tenha ocorrido o seguinte Fato:

Fato a) Recebimento da importância de $ 500, em dinheiro, referente a uma Duplicata.

Esse Fato aumentará o valor da conta Caixa em $ 500, pela entrada do dinheiro, e diminuirá a conta Duplicatas a Receber, também em $ 500, pois o cliente quitou sua dívida com nossa empresa. Uma vez quitada a dívida, nosso direito já não mais existe. Portanto, esse fato provoca, ao mesmo tempo, aumento e diminuição entre os elementos do Ativo.

O Balanço Patrimonial, após esse acontecimento, ficará assim:

BALANÇO PATRIMONIAL DE M. SANCHES				
ATIVO		PASSIVO	
Bens		Obrigações	
Caixa	1.500	Salários a Pagar	300
Imóveis	2.800	Patrimônio Líquido	
Direitos		Capital	3.200
Duplicatas a Receber	0	Lucros Acumulados	800
Total	4.300	Total	4.300

4.3.1.2 *Permutação entre Elementos do Passivo*

Partindo do Balanço anterior, já modificado pelo Fato a, consideremos agora a seguinte ocorrência:

Fato b) Suponhamos que na conta Salários a Pagar, com valor de $ 300, registrada no Passivo, representando o valor líquido dos salários que a empresa tem a pagar a seus empregados, esteja contida a importância de $ 30, correspondente a Imposto de Renda. Esse valor deveria ter sido retido do salário dos empregados, mas ainda não foi.

Para regularizar a situação, vamos retirar esse valor da conta Salários a Pagar e transferi-lo para a conta própria, denominada Impostos a Recolher.

É bom ressaltar que, para a empresa M. Sanches, tanto em uma como em outra conta a referida importância representa obrigação. Veja como fica o Balanço Patrimonial após esse evento:

BALANÇO PATRIMONIAL DE M. SANCHES			
ATIVO		PASSIVO	
Bens		Obrigações	
Caixa	1.500	Salários a Pagar	270
Imóveis	2.800	Imposto a Recolher	30
Direitos		Patrimônio Líquido	
Duplicatas a Receber	0	Capital	3.200
			Lucros Acumulados	800
Total	4.300	Total	4.300

4.3.1.3 *Permutação entre elementos do Ativo e do Passivo*

Neste caso, o fato ocorrido poderá acarretar aumento ou diminuição no valor total do patrimônio, embora não interfira no Patrimônio Líquido.

Fato c) Aumento

Suponhamos, agora, que a empresa tenha efetuado compra de Móveis e Utensílios a prazo, por $ 700. Esse fato provocará, ao mesmo tempo, aumento no Ativo e no Passivo.

Veja como ficará o Balanço Patrimonial após esse evento:

BALANÇO PATRIMONIAL DE M. SANCHES			
ATIVO		**PASSIVO**	
Bens		Obrigações	
Caixa	1.500	Salários a Pagar	270
Imóveis	2.800	Imposto a Recolher	30
Móveis e Utensílios	700	Duplicatas a Pagar	700
Direitos		Patrimônio Líquido	
		Capital	3.200
		Lucros Acumulados	800
Total	5.000	Total	5.000

Fato d) Diminuição

Suponhamos, agora, que a empresa M. Sanches tenha efetuado o pagamento, em dinheiro, de uma Duplicata no valor de $ 500. Esse evento diminuirá o Ativo, pela saída do dinheiro da conta Caixa; e também o Passivo, pela liquidação da obrigação, no mesmo valor.

Veja, então, como ficará a situação patrimonial:

BALANÇO PATRIMONIAL DE M. SANCHES			
ATIVO		**PASSIVO**	
Bens		Obrigações	
Caixa	1.000	Salários a Pagar	270
Imóveis	2.800	Imposto a Recolher	30
Móveis e Utensílios	700	Duplicatas a Pagar	200
Direitos		Patrimônio Líquido	
		Capital	3.200
		Lucros Acumulados	800
Total	4.500	Total	4.500

4.3.2 Fatos modificativos

Fatos modificativos são aqueles que acarretam alterações, para mais ou para menos, no Patrimônio Líquido. São também denominados fatos quantitativos.

Como você pôde observar, os Fatos permutativos envolvem apenas as contas patrimoniais, sem provocar alteração no Patrimônio Líquido. Porém, os Fatos modificativos envolvem contas de resultado (receitas ou despesas) e, consequentemente, alteram o Patrimônio Líquido, para mais ou para menos.

Veja os exemplos a seguir:

Fato e) Diminuição

Partindo do Balanço anterior, suponhamos, agora, que a empresa M. Sanches tenha pagado a importância de $ 100, em dinheiro, referente a despesas com o uso de telefones. Esse Fato diminuirá o Caixa em $ 100, pela saída do dinheiro, e, por envolver uma despesa, diminuirá também o Patrimônio Líquido no mesmo valor.

Após esse Fato, a situação patrimonial da empresa fica assim:

BALANÇO PATRIMONIAL DE M. SANCHES			
ATIVO		PASSIVO	
Bens		Obrigações	
Caixa	900	Salários a Pagar	270
Imóveis	2.800	Imposto a Recolher	30
Móveis e Utensílios	700	Duplicatas a Pagar	200
Direitos		Patrimônio Líquido	
		Capital	3.200
		Lucros Acumulados	700
Total	4.400	Total	4.400

- É evidente que, na vida prática, não é imediatamente após cada fato ocorrido que o profissional da Contabilidade altera o Balanço Patrimonial da empresa, diminuindo ou aumentando os lucros. Estamos simulando situações apenas para você entender como o fato administrativo atua na situação patrimonial.

Fato f) Aumento

Suponhamos, agora, que a empresa M. Sanches tenha recebido a importância de $ 200, em dinheiro, proveniente de receitas de aluguéis de imóveis.

Esse fato aumentará o Ativo pela entrada do dinheiro na conta Caixa e aumentará o Patrimônio Líquido pela receita auferida.

Veja a situação patrimonial anterior, modificada por esse evento:

BALANÇO PATRIMONIAL DE M. SANCHES			
ATIVO		PASSIVO	
Bens		Obrigações	
Caixa	1.100	Salários a Pagar	270
Imóveis	2.800	Imposto a Recolher	30
Móveis e Utensílios	700	Duplicatas a Pagar	200
Direitos		Patrimônio Líquido	
		Capital	3.200
		Lucros Acumulados	900
Total	4.600	Total	4.600

4.3.3 Fatos mistos ou compostos

O **fato misto ou composto** envolve, ao mesmo tempo, um fato permutativo e um fato modificativo. Pode, portanto, acarretar alterações no Ativo e no Patrimônio Líquido, ou no Passivo e no Patrimônio Líquido, ou no Ativo, no Passivo e no Patrimônio Líquido ao mesmo tempo. Os fatos mistos também poderão acarretar aumento ou diminuição no patrimônio.

Fato g) Aumento

Partindo da situação patrimonial anterior, suponhamos, agora, que os Móveis e Utensílios, que custaram $ 700, tenham sido vendidos, à vista, por $ 750.
Esse evento diminuirá o Ativo em $ 700, pela saída de Móveis e Utensílios; aumentará novamente o Ativo, pela entrada de $ 750, em dinheiro, no Caixa; e aumentará o Patrimônio Líquido, pelo lucro auferido de $ 50.
O Balanço Patrimonial ficará assim:

BALANÇO PATRIMONIAL DE M. SANCHES			
ATIVO		PASSIVO	
Bens		Obrigações	
Caixa	1.850	Salários a Pagar	270
Imóveis	2.800	Imposto a Recolher	30
Móveis e Utensílios	0	Duplicatas a Pagar	200
Direitos		Patrimônio Líquido	
		Capital	3.200
		Lucros Acumulados	950
Total	4.650	Total	4.650

Fato h) Diminuição

Vamos imaginar que a empresa M. Sanches tenha efetuado o pagamento de uma Duplicata no valor de $ 200 em dinheiro, tendo pago, também, $ 20 de juros pelo atraso. Pagou, portanto, $ 220.

Esse Fato acarretará diminuição no Ativo, pela saída de $ 220 do Caixa; diminuição no Passivo, pela extinção da obrigação em Duplicatas a Pagar, no valor de $ 200; e diminuição no Patrimônio Líquido, pela redução dos lucros em $ 20, em consequência da despesa ocorrida.

A situação do patrimônio passou a ser a seguinte:

BALANÇO PATRIMONIAL DE M. SANCHES			
ATIVO		PASSIVO	
Bens		Obrigações	
Caixa	1.630	Salários a Pagar	270
Imóveis	2.800	Imposto a Recolher	30
		Duplicatas a Pagar	0
Direitos		Patrimônio Líquido	
		Capital	3.200
		Lucros Acumulados	930
Total	4.430	Total	4.430

4.3.4 Esquema para fixação

Para facilitar a fixação dos tipos de fatos administrativos, veja o seguinte esquema:

- **Fatos permutativos:** envolvem apenas contas patrimoniais.
- **Fatos modificativos:** envolvem apenas uma conta patrimonial (que representa bem, direito ou obrigação) e uma ou mais contas de resultado ou do Patrimônio Líquido.
- **Fatos mistos:** envolvem mais de uma conta patrimonial e uma ou mais contas de resultado ou do Patrimônio Líquido.

Atividades Teóricas 1

1. **Complete:**
   1.1 Os fatos _____ são os acontecimentos que provocam _____ nos valores patrimoniais, podendo ou não alterar o _____.
   1.2 Os fatos que provocam modificações no Patrimônio Líquido são denominados _____.
   1.3 Os fatos permutativos são aqueles que provocam permutações entre os elementos componentes do Ativo e/ou do _____.
   1.4 Atos administrativos são os acontecimentos que ocorrem na empresa e _____ alterações _____ no patrimônio.

2. **Classifique as afirmativas em falsas (F) ou verdadeiras (V):**
   2.1 ( ) Fatos mistos são aqueles que envolvem, ao mesmo tempo, um fato modificativo e um fato permutativo.

2.2 ( ) Atos administrativos são os acontecimentos que modificam o Patrimônio Líquido.
2.3 ( ) Os fatos modificativos envolvem apenas uma conta patrimonial e uma ou mais contas de resultado ou do Patrimônio Líquido.
2.4 ( ) Os fatos permutativos envolvem somente contas patrimoniais.

3. **Resolva:**
   3.1 Relacione a coluna da esquerda com a da direita, associando o tipo do fato:
   a) Fato permutativo   ( ) Compra de veículo à vista.
   b) Fato modificativo   ( ) Venda de mercadorias a prazo.
   c) Fato misto pelo preço de custo   ( ) Pagamento de duplicata com desconto.
                                          ( ) Pagamento de despesas de juros.

4. **Responda:**
   4.1 Qual é a diferença entre atos e fatos administrativos?
   4.2 Cite três exemplos de atos administrativos.
   4.3 Os atos administrativos que possam provocar alterações futuras no patrimônio da empresa, considerados relevantes, devem ser contabilizados por meio de que contas?
   4.4 Como se classificam os fatos administrativos ou contábeis?
   4.5 Os fatos administrativos são contabilizados por meio de que contas?
   4.6 O que são fatos mistos?
   4.7 O que são fatos modificativos?
   4.8 O que são fatos permutativos?

5. **Cite dois exemplos de cada fato administrativo a seguir:**
   5.1 Fatos permutativos entre elementos Ativos.
   5.2 Fatos permutativos entre elementos Passivos.
   5.3 Fatos permutativos entre elementos do Ativo e do Passivo.
   5.4 Fatos permutativos entre elementos do Ativo e do Passivo, acarretando diminuição.
   5.5 Fatos modificativos Aumentativos.
   5.6 Fatos modificativos diminutivos.
   5.7 Fatos mistos aumentativos.
   5.8 Fatos mistos diminutivos.

6. **Indique o tipo de fato administrativo que corresponde a cada um dos acontecimentos a seguir:**
   6.1 Pagamento de despesas de aluguéis.
   6.2 Vendas de móveis, em dinheiro, pelo preço de custo.
   6.3 Recebimento de uma duplicata, em dinheiro, com desconto.
   6.4 Pagamento de uma duplicata.
   6.5 Recebimento, em dinheiro, de receitas de aluguéis.
   6.6 Compra de mercadorias, sendo 50% à vista, e o restante, a prazo.
   6.7 Recebimento de juros de mora, em dinheiro.
   6.8 Recebimento de uma duplicata, em dinheiro, com juros.
   6.9 Venda de um veículo com lucro.
   6.10 Compra de mercadorias a prazo.

CAPÍTULO

5

ESCRITURAÇÃO

5.1 Conceito

Escrituração é uma técnica contábil que consiste em registrar nos livros contábeis todos os acontecimentos que ocorrem na empresa[1] e que modifiquem ou possam vir a modificar a situação patrimonial.

Os livros contábeis mais importantes são o Diário e o Razão. Todas as entidades, tenham ou não finalidade lucrativa, devem manter escrituração contábil relativa a todos os acontecimentos responsáveis pela movimentação de seus patrimônios.

- É sempre importante lembrar que todos os registros efetuados nos livros contábeis devem estar devidamente respaldados por documentos idôneos que comprovem suas ocorrências.

O controle contábil das empresas começa com a escrituração das operações no Livro Diário, completando-se, depois, nos demais livros de escrituração.

É por meio dos atos e dos fatos administrativos que ocorre a movimentação do patrimônio das empresas, e esses acontecimentos são registrados por meio da Escrituração.

Mas como escriturar esses acontecimentos? Vamos, inicialmente, estudar onde escriturar para depois aprender como efetuar tais registros.

5.2 Livros utilizados na escrituração

Dos vários livros adotados pelas empresas, vamos estudar apenas os utilizados para contabilização dos fatos administrativos ou contábeis, bem como dos atos administrativos relevantes (aqueles que podem provocar variações futuras no patrimônio).

Os principais livros utilizados pela Contabilidade são o Diário e o Razão. Entretanto, estudaremos também, no presente capítulo, os livros Caixa e Contas-Correntes.

A Contabilidade utiliza, ainda, Livros Auxiliares que podem servir de suporte para a escrituração do Diário e do Razão. São exemplos o Caixa, o Contas-Correntes, o Contas a Receber, o Contas a Pagar etc.

As empresas poderão, ainda, estar sujeitas à escrituração de outros livros, quando exigidos pelas legislações de seus países.

5.2.1 Livro Diário

No Diário, são lançadas, com individualização, clareza e indicação do documento comprobatório, dia a dia, por escrita direta ou reprodução, todos os acontecimentos que ocorrem nas empresas e que provocam modificações no patrimônio (fatos administrativos), bem como aqueles que possam vir a modificar futuramente o patrimônio (atos administrativos relevantes).

Para garantir a credibilidade dos registros efetuados no Livro Diário, a empresa deve observar as formalidades extrínsecas e intrínsecas comuns a todos os livros de escrituração.

---

[1] No presente capítulo, adotamos a palavra "empresa" para facilitar nossas explicações, por se tratar de entidade com finalidade lucrativa. Lembramos, no entanto, que os assuntos aqui tratados se aplicam também às entidades sem fins lucrativos.

5.2.1.1 *Formalidades extrínsecas*

As **formalidades extrínsecas ou externas** dizem respeito ao livro propriamente dito, isto é, à sua apresentação material. O Livro Diário deve ser encadernado, e suas folhas, numeradas sequencialmente.

Quando a empresa adotar escrituração mecanizada ou eletrônica, o Diário será impresso em fichas, folhas soltas ou folhas contínuas. Nesse caso, as fichas ou as folhas deverão ser numeradas mecânica ou tipograficamente.

O Livro Diário deve conter os termos de abertura e de encerramento, ainda que seja escriturado em fichas ou em folhas soltas. Deve, também, ser submetido à autenticação no órgão público competente da localidade onde a empresa estiver instalada.

Veja um modelo de Termo de Abertura:

TERMO DE ABERTURA

Contém este livro _____ folhas numeradas tipograficamente, de 1 a _____ , e servirá de Diário nº _____ da _____ (aqui devem ser informados os seguintes dados relativos à empresa: nome, ramo de atividade e endereço. Além dos números de registro nos órgãos públicos nos quais ela deve ser inscrita, conforme as exigências do país onde ela esteja instalada).

(Localidade e data)

_____
(assinatura do titular, administrador ou representante legal da empresa)

_____
(assinatura do profissional da contabilidade habilitado)

Observações

▸ O Termo de Encerramento é idêntico ao de Abertura, diferenciando-se somente no título – Termo de Encerramento – e no tempo do verbo servir, passando de "servirá" para "serviu".

▸ Os termos de Abertura e de Encerramento devem ser apostos, respectivamente, no anverso da primeira e no verso da última ficha ou folha numerada do Diário, na mesma data e antes de iniciada a escrituração, salvo quando a escrituração for realizada em fichas ou folhas soltas ou contínuas, caso em que, sendo o Diário encadernado após sua escrituração, os termos mencionados serão lavrados na data da autenticação que deverá ser efetuada no órgão público competente.

notas

- Feitas as devidas adaptações, tanto o Termo de Abertura como o de Encerramento aqui apresentados poderão ser utilizados em outros instrumentos de Escrituração das empresas em geral.
- Quando o Diário for escriturado em forma digital, deve ser assinado digitalmente pela empresa e pelo profissional da Contabilidade regularmente habilitado e ser autenticado no órgão público competente.

5.2.1.2 *Formalidades intrínsecas*

As **formalidades intrínsecas ou internas** estão relacionadas à escrituração propriamente dita. A escrituração será completa, em idioma e moeda corrente nacionais, em forma contábil, com individualização e clareza, por ordem cronológica de dia, mês e ano, sem intervalos em branco nem entrelinhas, borrões, rasuras, emendas ou transportes para as margens.

notas
- As formalidades extrínsecas e intrínsecas devem ser observadas para que o Livro Diário mereça fé a favor da empresa.
- Tendo em vista que a vida da empresa é registrada neste Livro, toda e qualquer Demonstração Contábil elaborada com base na Escrituração nele contida será reconhecida como verdadeira, salvo se em sua escrituração não forem observadas rigorosamente as formalidades legais aqui apresentadas.

5.2.1.3 *Outras informações importantes*

O Livro Diário já passou por vários estágios de escrituração:

a) **Processamento eletrônico de dados:** hoje, quase que a totalidade das empresas processam a escrituração do Diário por meio do computador, sendo que as folhas impressas são posteriormente encadernadas. A legislação tributária disciplina o uso da escrituração por meio do computador, cuidando inclusive dos critérios a serem observados quanto ao armazenamento de dados em arquivos magnéticos.

b) **Processamento manual:** no princípio, toda escrituração era processada de forma manuscrita. Embora atualmente esse processo esteja em desuso e ainda possa ser utilizado por algumas empresas de pequeno porte, é de grande utilidade para o ensino da Contabilidade.

c) **Processamento mecânico:** nesse estágio, a Escrituração do Diário passou a ser feita em fichas ou em folhas soltas, as quais, posteriormente, eram copiadas por decalque em livro apropriado.

É importante salientar, no entanto, que a adoção de qualquer que seja o sistema de Escrituração do Diário não exclui a empresa da obediência aos requisitos intrínsecos e extrínsecos, previstos tanto na legislação do país onde está instalada a empresa como nas normas internacionais de Contabilidade.

As empresas que elaboram a escrituração por meio mecânico ou de processamento eletrônico de dados devem adotar livro apropriado para transcrição das Demonstrações Contábeis.

Na Escrituração, é permitido o uso de códigos de números ou de abreviaturas, desde que constem de livro próprio devidamente revestido das mesmas formalidades extrínsecas exigidas para o Livro Diário.

É admitida a escrituração resumida no Diário, por totais que não excedam ao período de um mês, relativamente a contas cujas operações sejam numerosas ou realizadas fora da sede do estabelecimento, desde que utilizados livros auxiliares para registro individualizado e conservados os documentos que permitam sua perfeita verificação.

5.2.1.4 *Modelo de Diário*

Visando atender ao aspecto didático de nosso livro, apresentaremos o Livro Diário próprio para escrituração manual, por ser o que melhor atende aos objetivos escolares.

Veja um exemplo de uma folha do Livro Diário adequado à escrituração manual:

O Diário é o primeiro Livro que deve ser escriturado. A Escrituração do Diário é feita com base nos documentos que comprovam a ocorrência dos eventos a serem registrados. Em nosso caso, para efeito didático, partiremos dos problemas formulados para Escrituração.

- A Escrituração do Diário será explicada na Seção 5.4.

5.2.2 Livro Razão

O **Razão** é um livro de grande utilidade para a Contabilidade, porque nele é registrado o movimento individualizado de todas as contas.

Veja um exemplo de página do Livro Razão, próprio para Escrituração manual:

20____	DÉBITO	20____	CRÉDITO

5.2.3 Livro Contas-Correntes

O **Contas-Correntes** é um livro auxiliar do Livro Razão. É utilizado para controlar a movimentação das contas que representam direitos e obrigações.

Veja um exemplo de página do Livro Contas-Correntes, próprio para Escrituração manual:

20____	HISTÓRICO	DÉBITO	CRÉDITO	D/C	SALDO

5.2.4 Livro Caixa

O Livro **Caixa** também é auxiliar. Nele são registrados todos os fatos administrativos que envolvam entradas e saídas de dinheiro.

Veja um exemplo de página do Movimento do Caixa cujo uso, didaticamente, é mais prático que o do livro Caixa.

MOVIMENTO DE CAIXA

____ DE _____ DE 20____ N. _____

DOC. N.	HISTÓRICO	ENTRADA	SAÍDA
	A TRANSPORTAR – TOTAIS DO DIA $		
	SALDO ANTERIOR $		
	SALDO ATUAL $		

DETALHES DO SALDO		
DINHEIRO		
CHEQUES		
VALES		
TOTAL		

CAIXA: _____ VISTO: _____

Atividades Teóricas ❶

1. **Complete:**
   1.1 No Livro Caixa são registradas operações que envolvem _____.
   1.2 O livro que registra o movimento individualizado de todas as Contas chama-se _____.
   1.3 O livro que é utilizado para se controlar os direitos e as obrigações denomina-se _____.
   1.4 O Diário é um livro _____.

2. **Coloque E se a formalidade for extrínseca ou I se for intrínseca:**
   2.1 (   ) A escrituração não poderá conter escritos nas entrelinhas.
   2.2 (   ) O Livro Diário deverá conter termos de abertura e de encerramento.
   2.3 (   ) O Livro Diário deve ser encadernado com folhas numeradas sequencialmente.
   2.4 (   ) A escrituração será em idioma e moeda corrente nacionais.

3. **Responda:**
   3.1 Para que serve o Livro Diário?
   3.2 Cite três livros contábeis.

3.3 Dos quatro livros de escrituração utilizados pela Contabilidade que apresentamos neste tópico, quais são os mais importantes?
3.4 O que são formalidades intrínsecas do Livro Diário? Cite duas.
3.5 O que são formalidades extrínsecas do Livro Diário? Cite duas.
3.6 Qual é o livro que permite um controle individualizado de todas as contas utilizadas pela Contabilidade?

5.3 Métodos de Escrituração

Método de Escrituração é o modo de registro dos fatos administrativos, bem como dos atos administrativos relevantes.

5.3.1 Método das Partidas Simples

Esse método consiste no registro de operações específicas envolvendo o controle de um só elemento. No Livro Caixa, por exemplo, os eventos são registrados visando apenas ao controle do dinheiro (entradas e saídas), sem a preocupação de controlar outros elementos patrimoniais ou até de evidenciar o lucro ou prejuízo decorrente das respectivas transações. Outro exemplo de registro pelo Método das Partidas Simples ocorre no livro Contas-Correntes, no qual só interessa o controle dos direitos e/ou das obrigações. Esse método é deficiente e incompleto, pois não permite o controle global do patrimônio.

As empresas que utilizam apenas esse método de registro costumam ser aquelas que não visam ao lucro, pois só conseguem controles estanques de alguns eventos. O conhecimento do resultado econômico, se porventura interessar, somente será possível mediante a comparação do patrimônio existente no início e no final de determinado período.

5.3.2 Método das Partidas Dobradas

Esse método, que é de uso universal e foi divulgado no século XV (1494), na cidade de Veneza, na Itália, pelo frade franciscano Luca Pacioli, consiste no seguinte: não há devedor sem que haja credor, e não há credor sem que haja devedor, sendo que a cada débito corresponde um crédito de igual valor.

- Apareceram novamente as palavras devedor e credor (débito e crédito), e voltamos a alertá-lo: procure analisar com cuidado o que essas duas palavras representam para a Contabilidade, de acordo com o enfoque de nossas explicações, não confundindo com os significados que essas mesmas palavras assumem em nossa linguagem comum.

Como aplicar, na prática, o Método das Partidas Dobradas? É o que veremos a seguir.

5.4 Lançamento

Lançamento é a forma contábil por meio da qual se processa a escrituração.

Os fatos e os atos administrativos relevantes são registrados por meio do lançamento, inicialmente no Livro Diário, mediante documentos que comprovem a legitimidade da operação (Notas Fiscais, Recibos, Contratos etc.).

5.4.1 Elementos essenciais

O lançamento, no Livro Diário, é feito em ordem cronológica de dia, mês e ano, e os elementos que o compõem obedecem a determinada disposição técnica.

Os elementos componentes do lançamento são:

1. local e data da ocorrência do fato;
2. conta devedora;
3. conta credora;
4. histórico;
5. valor.

Vejamos, agora, como se faz um lançamento no Livro Diário. Suponhamos o seguinte Fato ocorrido em determinada empresa:

Compra à vista (em dinheiro), de um armário de aço, marca Limeira, conforme Nota Fiscal nº 8.931, da Macchina Ltda., no valor de $ 1.000.

Considerar que o armário foi adquirido para uso da empresa.

Para elaborar o lançamento, além de observar os cinco elementos essenciais apresentados, você deve obedecer aos seguintes passos:

1º passo – Verificar o local e a data da ocorrência do fato.
2º passo – Verificar o documento emitido para comprovar a operação.
3º passo – Identificar, no fato, os elementos envolvidos.
4º passo – Verificar, no Elenco de Contas, quais contas serão utilizadas para o registro de cada um dos elementos identificados no 3º passo.
5º passo – Preparar o histórico.
6º passo – Identificar a conta a ser debitada e a conta a ser creditada.
7º passo – Efetuar o lançamento.

- Esses sete passos constituem orientações para que você aprenda a efetuar o raciocínio sequencial necessário à elaboração do lançamento no Livro Diário. Quando você estiver familiarizado com tais procedimentos, eles deverão ser efetuados apenas mentalmente, ou seja, após a leitura de determinado Fato, você deverá registrá-lo diretamente no Diário.

Vamos, então, aos passos:

1º passo – Verificar o local e a data da ocorrência do fato. No caso do nosso exemplo, considere sua cidade e a data de hoje.

2º passo – Verificar o documento emitido para comprovar a operação. Se não houver documento idôneo que comprove a ocorrência do fato, este não poderá ser contabilizado. Em nosso exemplo, o documento emitido foi a Nota Fiscal nº 8.931.

3º passo – Identificar, no Fato, os elementos envolvidos. Todo fato administrativo, objeto de Escrituração, envolve, no mínimo, dois elementos patrimoniais ou de resultado. Então, este 3º passo consiste em identificar esses elementos.

Vamos reler o Fato e encontrar o primeiro elemento:

- **Compra à vista (em dinheiro):** identificamos o primeiro elemento: dinheiro.

Vamos procurar, agora, o outro elemento na leitura do mesmo Fato:

- **Compra à vista (em dinheiro) de um armário de aço:** eis o segundo elemento: armário de aço.

Portanto, os dois elementos envolvidos neste Fato são: dinheiro e armário de aço.

4º passo – Verificar, no Elenco de Contas, quais contas serão utilizadas para registrar cada um dos elementos identificados no 3º passo.

Para encontrar a conta adequada a cada elemento, raciocine assim:

Em primeiro lugar, você deverá verificar se o elemento em questão corresponde a um bem ou a um direito. Se a resposta for positiva, você deverá procurar a conta adequada no Elenco de Contas (Seção 3.5.2), entre as contas patrimoniais que figuram do lado do Ativo, pois bens e direitos encontram-se no Ativo.

Se o elemento não corresponder a bem ou a direito, verifique, então, se corresponde a uma obrigação ou a um elemento do grupo do Patrimônio Líquido.

Se a resposta for positiva, procure a conta adequada entre as contas patrimoniais que estão do lado do Passivo, pois as obrigações e os elementos do Patrimônio Líquido se encontram no lado do Passivo.

Se o elemento não representar bem, direito, obrigação ou Patrimônio Líquido, verifique se corresponde a despesa. Se a resposta for positiva, procure a conta adequada entre as contas de resultado, no lado das despesas.

Se o elemento não representar bem, direito, obrigação, Patrimônio Líquido ou despesa, certamente corresponderá a receita. Neste caso, procure a conta adequada entre as contas de resultado, no lado das receitas.

Repita esse raciocínio para cada elemento indicado no 3º passo.

Veja como ficará o Fato em questão:

O elemento dinheiro representa bem; logo, lendo as contas do Ativo no Elenco de Contas, concluímos que a mais adequada para registrar esse elemento é a conta Caixa.

O elemento armário de aço também representa bem; logo, lendo as contas do Ativo no Elenco de Contas, concluímos que a mais adequada para registrar esse elemento é a conta Móveis e Utensílios.

5º passo – Preparar o histórico.

O histórico consiste no relato do Fato. Esse relato deve conter apenas as informações necessárias para o bom esclarecimento do evento. Nunca se deve esquecer de identificar a espécie e o número do documento comprobatório, a coisa transacionada, bem como o nome da pessoa com quem se transaciona.

Veja como poderá ficar o histórico do nosso exemplo: "Compra de um armário de aço, marca Limeira, conforme Nota Fiscal nº 8.931, da Macchina Ltda."

6º passo – Identificar a conta a ser debitada e a conta a ser creditada.

O que vêm a ser conta a ser debitada e conta a ser creditada? No Capítulo 3, dissemos que o funcionamento das contas se dá por meio de débitos e de créditos nelas lançados. Pois bem, chegou o momento de você saber quando uma conta deve ser debitada e quando deve ser creditada.

Observe que todo Fato, na empresa, ocorre em forma de troca. Vamos tomar como exemplo a compra à vista do armário de aço em questão. A empresa recebe o armário e dá em troca o dinheiro. Daí, podemos concluir, nesta fase de aprendizagem, que em todo evento ocorrido na empresa, envolvendo elementos materiais, existe pelo menos um elemento que entra para a empresa, acarretando aumento nos elementos patrimoniais. Existe, também, pelo menos um elemento que sai em troca do que entrou, provocando diminuição entre os elementos patrimoniais.

Assim, todo Fato administrativo objeto de contabilização pode aumentar e/ou diminuir os elementos do Ativo, do Passivo e do Patrimônio Líquido, conforme estudamos no Capítulo 4, lembra-se?

Para identificar mais facilmente a conta a ser debitada e a conta a ser creditada, observe o quadro a seguir:

QUADRO AUXILIAR DA ESCRITURAÇÃO

I. Para elementos patrimoniais:
   a) Toda vez que aumentar o Ativo, DEBITAR a respectiva conta.
   b) Toda vez que diminuir o Ativo, CREDITAR a respectiva conta.
   c) Toda vez que aumentar o Passivo, CREDITAR a respectiva conta.
   d) Toda vez que diminuir o Passivo, DEBITAR a respectiva conta.

II. Para elementos de resultado:
   a) Toda vez que ocorrer uma despesa, DEBITAR a respectiva conta.
   b) Toda vez que ocorrer uma receita, CREDITAR a respectiva conta.

- As contas de despesas somente serão creditadas para estorno ou encerramento de exercício.
- As contas de receitas somente serão debitadas para estorno ou encerramento de exercício.
- Estorno é uma correção do lançamento e será estudado na Seção 6.4.

Dando sequência ao raciocínio do nosso primeiro exemplo de lançamento, vamos, agora, identificar a conta a ser debitada: é a conta Móveis e Utensílios, porque um armário está entrando para o patrimônio da empresa. Sendo o armário registrado em conta do Ativo (Móveis e Utensílios), isso acarreta aumento do Ativo, e a letra "a" do quadro auxiliar da Escrituração diz: "toda vez que aumentar o Ativo, DEBITAR a respectiva conta". E a respectiva conta, que, no caso, está acarretando aumento no Ativo, é a conta Móveis e Utensílios.

Vamos, agora, identificar a conta a ser creditada: é a conta Caixa, porque está saindo dinheiro do patrimônio da empresa. Logo, diminuirá o Ativo, e a letra "b" do quadro auxiliar da Escrituração diz: "toda vez que diminuir o Ativo, CREDITAR a respectiva conta". E a respectiva conta, que, no caso, está acarretando diminuição no Ativo, é a conta Caixa.

7º passo – Efetuar o lançamento.

Antes de apresentarmos o lançamento devidamente escriturado, veja para que são utilizadas as colunas do Diário. Lembramos mais uma vez que, para fins didáticos, utilizaremos o Livro Diário tradicional, próprio para Escrituração manual, o qual contém três colunas para valores. Como você já sabe, há outros modelos que podem perfeitamente ser utilizados.

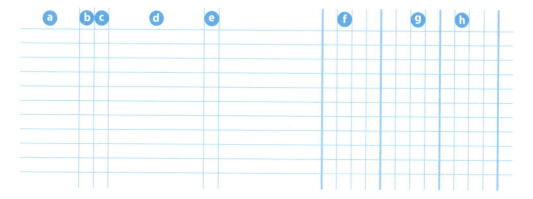

Veja para que servem as colunas do Diário:
a) Código das contas, segundo o Elenco de Contas.
b) Número da folha do Livro Razão em que foi lançada a conta.
c) Coluna reservada para a preposição "a" da conta credora.
d) Coluna reservada para os títulos das contas e para o Histórico.
e) Coluna reservada para o dia em que ocorreu o fato.

f, g, h) Colunas destinadas aos valores, sendo:

    f para as parcelas discriminadas no histórico;

    g para o total de cada conta quando o lançamento for de 2ª, 3ª ou 4ª fórmulas (veja Seção 5.4.2);

    h para o total do lançamento.

Veja como o lançamento deve ser efetuado no Livro Diário, com o lançamento devidamente escriturado:

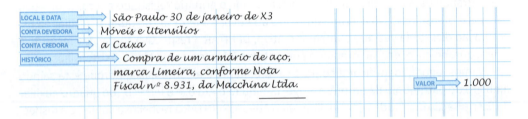

Essa é a forma contábil utilizada para registrar um fato administrativo (contábil) no Livro Diário.

Observações

- Verifique que a conta creditada no lançamento é precedida da letra "a". A leitura do lançamento é feita assim: "Móveis e Utensílios a Caixa".
- No lançamento, uma conta é contrapartida da outra. Assim, no lançamento apresentado, a conta Móveis e Utensílios é contrapartida da conta Caixa, e vice-versa.
- O Histórico deve ser resumido. Porém, de propósito, não o resumimos. Se você não tiver facilidade para resumir, escreva todo o texto do problema; com o tempo, você notará que muitas palavras poderão ser suprimidas nos Históricos, sem perda da clareza.
- Após cada lançamento, devemos encerrá-lo com dois traços seccionados, abrangendo apenas as colunas destinadas ao Histórico, conforme você pode observar no exemplo apresentado. Esses traços são importantes pois evitam que um lançamento fique unido a outro, dificultando a leitura.

- O registro contábil deve conter o número de identificação do lançamento em ordem sequencial relacionado ao respectivo documento de origem externa ou interna ou, em sua falta, em elementos que comprovem ou evidenciem fatos contábeis.

5.4.2 Fórmulas de lançamentos

No exemplo de lançamento apresentado na Seção 5.4.1, tivemos apenas uma conta debitada e uma conta creditada. Porém, um mesmo lançamento poderá conter mais de uma conta debitada ou mais de uma conta creditada. Daí a existência de quatro fórmulas de lançamentos:

5.4.2.1 *Primeira fórmula*

"Quando aparecem no lançamento uma conta debitada e uma conta creditada."
   Exemplo:
   Compra de uma casa, à vista, do sr. Carlos Bacic, situada na Av. Nove de Julho, nº 1.001, nesta cidade, conforme Escritura passada no 5º Tabelião, no valor de $ 200.000.
   Para resolver esse lançamento, vamos seguir todos os passos contidos na Seção 5.4.2:

1º passo – Local e data: considerar sua cidade e a data de hoje.

2º passo – Documento emitido: Escritura passada no 5º Tabelião.

3º passo – Elementos envolvidos: casa e dinheiro.

4º passo – Contas a utilizar: Imóveis e Caixa.

5º passo – Preparar o Histórico: utilizaremos todo o texto do problema.

6º passo – Identificar qual conta será debitada e qual será creditada:

> **Debitada:** conta Imóveis, pois estamos comprando uma casa, que aumentará nosso Ativo (letra "a" do Quadro Auxiliar da Escrituração).

> **Creditada:** conta Caixa, pois, se estamos pagando em dinheiro, nosso Ativo diminuirá, em decorrência da saída dessa importância da conta Caixa (letra "b" do Quadro Auxiliar da Escrituração).

7º passo – Efetuar o lançamento:

```
        (Sua cidade e data de hoje)
        Imóveis
        a Caixa
            Compra de uma casa, do
        sr. Carlos Bacic, situada na
        Av. Nove de Julho, nº 1.001,
        nesta cidade, conf. escritura
        passada no 5º Tabelião.                    200.000
```

Atividades Práticas ❶

Escriture, em partidas de Diário, os seguintes fatos:

Fato 1 – solucionado

1. Compra, à vista, de um automóvel, marca XPTO, conforme Nota Fiscal nº 9.890, da Distribuidora de Veículos Londrina Ltda., no valor de $ 30.000.

Solução
   Para facilitar o raciocínio deste e dos demais lançamentos desta atividade, você poderá rascunhá-los utilizando o seguinte esquema:

ELEMENTOS	CONTAS	VALOR	D/C

Para exemplificar o uso do Esquema para Raciocínio Lógico do Lançamento, veja como rascunharemos o lançamento referente ao Fato em questão.

Para começar, precisamos identificar os elementos envolvidos no Fato. Ao lermos o Fato 1, concluiremos que os elementos envolvidos são dinheiro e automóvel. Observe como os anotamos no esquema:

ELEMENTOS	CONTAS	VALOR	D/C
Dinheiro			
Automóvel			

Em seguida, devemos identificar quais contas utilizaremos para registrar cada um dos elementos. Para isso, vamos consultar o Elenco de Contas apresentado no Capítulo 3. No caso, identificamos as Contas Caixa e Veículos, as quais transcrevemos para o esquema. Veja:

ELEMENTOS	CONTAS	VALOR	D/C
Dinheiro	Caixa		
Automóvel	Veículos		

Uma vez identificadas as Contas, anotamos ao lado delas seus respectivos valores.

Para finalizar o raciocínio, consultamos o Quadro Auxiliar da Escrituração (Seção 5.4.1) para saber a conta a ser debitada e a conta a ser creditada, as quais deverão ser indicadas pelas letras "D" ou "C". No exemplo, a conta a ser debitada é a conta Veículos, e a ser creditada, a conta Caixa.

Veja, finalmente, como ficará o esquema ao concluirmos o raciocínio:

ELEMENTOS	CONTAS	VALOR	D/C
Dinheiro	Caixa	30.000	C
Automóvel	Veículos	30.000	D

Agora, registramos o fato no Diário. Veja como ficará:

```
              (Sua cidade e data de hoje)
1.2.07   Veículos
1.1.01      a Caixa
               Compra de um automóvel, marca XPTO,
               conforme Nota Fiscal nº 9.890,
               da Distribuidora de Veículos
               Londrina Ltda.                              30.000
```

Noções de Contabilidade

nota

- O Esquema para Raciocínio Lógico do Lançamento não constitui documento oficial do setor de Contabilidade, sendo utilizado apenas para facilitar o raciocínio do lançamento, o qual deve ser, em seguida, registrado no Diário. Portanto, não se esqueça: o uso do esquema é opcional e você deixará de utilizá-lo assim que conseguir efetuar o raciocínio mentalmente.

Proceda conforme explicamos na solução do Fato nº 1, para solucionar os fatos de nº 2 a nº 12, raciocinando, inicialmente, por meio do Esquema e, em seguida, efetuando o registro no Diário.

Sugerimos a você que reserve, à parte, uma folha para os esquemas e outra somente para os lançamentos em partidas de Diário. Caso prefira utilizar folhas de cadernos comuns para efetuar os lançamentos em partidas de Diário, risque três colunas à direita de cada página, reservando-as para os valores. Assim como ocorre no Livro Diário, os Históricos ficarão separados dos valores, facilitando a visualização do lançamento.

2. Compra, à vista, de quatro cadeiras e uma mesa para uso da empresa, conforme Nota Fiscal nº 897, da Casa de Móveis Lírio S/A, no valor de $ 1.000.
3. Compra, à vista, de uma casa situada na Rua Satélite, sem número, do sr. Leonardo Gomes, por $ 130.000, conforme Escritura passada no 13º Cartório.
4. Compra de um microcomputador marca Tech, à vista, conforme Nota Fiscal nº 7.341, da PC Informática Ltda., no valor de $ 2.000.
5. Compra de um armário de aço, à vista, conforme Nota Fiscal nº 555, da Casa Açaí, no valor de $ 800.
6. Venda, à vista, de um automóvel, marca XPTO, ao sr. Fernando Coelho, por $ 30.000, conforme Recibo de Venda de Veículos nº 001.
7. Venda de uma mesa e quatro cadeiras, à vista, para a Indústria de Artefatos de Couro Excelência Ltda., conforme nossa Nota Fiscal nº 005, no valor de $ 1.000.
8. Venda, à vista, de uma casa situada na Rua Satélite, sem número, à sra. Daniela Pereira, por $130.000, conforme Escritura passada no 13º Cartório desta cidade.
9. Venda de um microcomputador marca Tech, com HD de 40 gigabytes, à vista, conforme nossa Nota Fiscal nº 008, no valor de $ 2.000.
10. Venda de um armário de aço, à vista, à J. Amaro Ltda., conforme nossa Nota Fiscal nº 222, no valor de $ 800.
11. Compra de mercadorias, a prazo, conforme Nota Fiscal nº 980, da Casa de Tecidos Santa Rita S/A, no valor de $ 3.000, com nosso aceite, no ato, da Duplicata nº 980/01, para 30 dias (usar a conta: 1.1.06 Estoque de Mercadorias).
12. Venda de mercadorias, a prazo, conforme nossa Nota Fiscal nº 012, ao sr. Gabriel Hernandez, no valor de $ 1.000. No ato da venda, o cliente aceitou a Duplicata nº 012/01, com vencimento para 45 dias.

> **notas**
>
> - Nas compras de Mercadorias a prazo, para registrar a obrigação, você poderá creditar uma das seguintes contas: Fornecedores, Duplicatas a Pagar ou Títulos a Pagar. Entretanto, para fins didáticos, aconselhamos o uso da conta Fornecedores quando no fato não constar aceite de Duplicatas, e da conta Duplicatas a Pagar quando no fato houver aceite de Duplicatas.
> - Nas vendas de Mercadorias a prazo, para registrar o direito, você poderá debitar uma das seguintes contas: Clientes, Duplicatas a Receber ou Títulos a Receber. Entretanto, para fins didáticos, aconselhamos o uso da conta Clientes quando no fato não constar aceite de Duplicatas, e da conta Duplicatas a Receber quando no fato houver aceite de Duplicatas.

5.4.2.2 *Segunda fórmula*

"Quando aparecem no lançamento uma conta debitada e mais de uma conta creditada."

Exemplo:

Compra de uma motocicleta, marca Moon, da Casa Constelação, conforme Nota Fiscal nº 5.390, no valor de $ 5.000, nas seguintes condições:

a) pagamento, no ato, de $ 3.000, em dinheiro, como entrada;
b) o restante será pago após 30 dias, conforme aceite da Duplicata nº 0001.

Para resolver esse lançamento, vamos novamente seguir os passos apresentados na Seção 5.4.1:

1º passo – Local e data: considerar sua cidade e a data de hoje.

2º passo – Documentos: Nota Fiscal nº 5.390 e Duplicata nº 0001.

3º passo – Elementos envolvidos: motocicleta, dinheiro e Duplicata.

4º passo – contas a utilizar: motocicleta – conta Veículos; dinheiro – conta Caixa; e Duplicata – conta Duplicatas a Pagar.

Observe que estamos comprando a prazo, aceitando uma Duplicata; logo, estamos criando obrigação para pagar a Duplicata após 30 dias.

5º passo – Preparar o Histórico: veja no lançamento efetuado no 7º passo.

6º passo – Identificar qual conta será debitada e qual será creditada: observe que, neste caso, estão envolvidas três contas:

Veículos, Caixa e Duplicatas a Pagar.

Raciocinando com base no Quadro Auxiliar da Escrituração, concluímos que:

- a conta Veículos será debitada;
- a conta Caixa será creditada;
- a conta Duplicatas a Pagar será creditada.

Note que uma conta será debitada (Veículos) e duas serão creditadas (Caixa e Duplicatas a Pagar). Como aparecem duas contas no crédito, inicialmente utilizaremos, no lançamento de Diário, a palavra Diversos.

7º passo – Efetuar o lançamento:

```
        (Sua cidade e data de hoje)
        Veículos
        a Diversos
            Compra de uma motocicleta,
            marca Moon, da Casa Constelação,
            conf. NF nº 5.390.
            paga como segue:
        a Caixa
            Em dinheiro.                              3.000
        a Duplicatas a Pagar
        a Casa Moon
            Dupl. nº 0001, venc. 30 dias.             2.000    5.000
```

Observações

▶ Observe que debitamos a conta Veículos e creditamos, inicialmente, a palavra Diversos. Nos lançamentos de segunda, terceira e quarta fórmulas, a palavra Diversos indica, conforme a posição, a existência de mais de uma conta debitada ou de mais de uma conta creditada.

▶ No exemplo em questão, observe que, após creditarmos a palavra Diversos, fizemos um breve Histórico para, depois, creditar as diversas contas correspondentes. Portanto, a palavra Diversos não é conta; apenas indica a existência de mais de uma conta no débito ou no crédito, conforme sua posição.

▶ Perceba, também, o uso das colunas destinadas aos valores.

5.4.2.3 *Terceira fórmula*

"Quando aparecem no lançamento mais de uma conta debitada e apenas uma conta creditada."
  Exemplo:
  Venda de uma escrivaninha a Joaquim Saraiva, conforme nossa Nota Fiscal nº 118, por $ 500, nas seguintes condições:

a) recebimento, no ato, da importância de $ 100, em dinheiro;
b) recebimento do restante em quatro parcelas mensais iguais, no valor de $ 100 cada uma, conforme aceite de quatro Duplicatas nº 118/01 a 118/04.

Vamos, agora, resolver o problema:

- **1º passo** – Local e data – considere sua cidade e a data de hoje.
- **2º passo** – Documentos – Nota Fiscal nº 118 e Duplicatas nº 118/01 a 118/04.
- **3º passo** – Elementos envolvidos: escrivaninha, dinheiro e Duplicatas.
- **4º passo** – Contas a utilizar – Móveis e Utensílios, Caixa e Duplicatas a Receber.
- **5º passo** – Preparar o Histórico – veja no lançamento efetuado.
- **6º passo** – Contas a serem debitadas e/ou creditadas.
    - a conta Móveis e Utensílios será creditada;
    - a conta Caixa será debitada;
    - a conta Duplicatas a Receber será debitada.
- **7º passo** – Efetuar o lançamento.

Veja, agora, como ficará o lançamento no Diário:

(Sua cidade e data de hoje)			
Diversos			
a Móveis e Utensílios			
Venda de uma escrivaninha			
conf. NF nº 118, como segue:			
Caixa			
Recebido em dinheiro	100		
Duplicatas a Receber			
Joaquim Saraiva			
N/ aceite Duplicata 118/01 — venc.	100		
Idem, Duplicata 118/02 — venc.	100		
Idem, Duplicata 118/03 — venc.	100		
Idem, Duplicata 118/04 — venc.	100	400	500

5.4.2.4 *Quarta fórmula*

"Quando aparecem no lançamento mais de uma conta debitada e mais de uma conta creditada."

Exemplo:

Compras, efetuadas no Supermercado Lima, de:

- um refrigerador, para uso da empresa, conforme Nota Fiscal nº 1.521, no valor de $ 1.000;
- uma motocicleta marca Speed, conforme Nota Fiscal nº 372, no valor de $ 10.000.

Foram pagos, no ato, como entrada, $ 2.000, e o restante será pago por meio de três Duplicatas, de números 1 a 3, no valor de $ 3.000 cada, vencíveis de 30 em 30 dias.

Solução

Veja como ficará o lançamento em partida de Diário:

(Sua cidade e data de hoje)			
Diversos			
a Diversos			
Compras a saber:			
Móveis e Utensílios			
NF nº 1.521, ref. um refrigerador		1.000	
Veículos			
NF nº 372, ref. uma motocicleta, marca Speed.		10.000	11.000
a Caixa			
Pago em dinheiro.		2.000	
a Duplicatas a Pagar			
a Supermercados Lima			
Três Dupls. de $ 3.000 cada, vencíveis de 30 em 30 dias.		9.000	11.000

Observações

▶ No histórico deste nosso exemplo, deixamos de especificar cada Duplicata, englobando as três e identificando apenas o valor e o vencimento.

▶ É importante salientar que todo fato administrativo poderá ser contabilizado pela primeira fórmula, mesmo quando ocorrer mais de uma conta a ser debitada e/ou a ser creditada, bastando, nesse caso, desdobrar o fato. A segunda e a terceira fórmulas facilitam a Escrituração, pois simplificam os lançamentos.

Atividades Teóricas 2

1. **Complete:**
    1.1 Lançamento é a _____ por meio da qual se processa a _____ .
    1.2 Escrituração é uma _____ contábil que consiste em _____ nos livros _____ todos os _____ que ocorrem na empresa e que modifiquem ou _____ vir a _____ a situação patrimonial.

2. **Responda:**
    2.1 Quais são os elementos essenciais do lançamento?
    2.2 Qual é o Método de Escrituração utilizado universalmente?

3. **Complete:**
    Nos lançamentos:
    3.1 Toda vez que aumentar o Ativo, a respectiva conta será _____.
    3.2 Toda vez que diminuir o Ativo, a respectiva conta será _____.

Capítulo 5 • Escrituração

3.3 Toda vez que ocorrer uma despesa, a respectiva conta será _____.
3.4 Toda vez que aumentar o Passivo, a respectiva conta será _____.
3.5 Toda vez que diminuir o Passivo, a respectiva conta será _____.
3.6 Toda vez que ocorrer uma receita, a respectiva conta será _____.

4. **Responda:**
4.1 Quantas fórmulas de lançamento existem?
4.2 Qual é a diferença entre lançamentos de primeira, segunda e terceira fórmulas?
4.3 Para que serve a palavra Diversos, utilizada nos lançamentos de segunda, terceira e quarta fórmulas?
4.4 Se não houver documentos que comprovem a ocorrência do Fato, como proceder para escriturá-lo?
4.5 Para auxiliar no raciocínio do lançamento, quais são os passos que devemos seguir?
4.6 Onde você deverá procurar o título correto das contas que serão utilizadas no lançamento?

Atividades Práticas 2

Escriture, em folhas de Diário, os seguintes fatos administrativos:

notas
- Se você ainda não estiver muito firme no raciocínio do lançamento, utilize o Esquema para Raciocínio Lógico, rascunhando-o em folha à parte para, em seguida, transcrever os respectivos lançamentos nas folhas de Diário.
- A partir deste ponto, não vamos mais explicar a composição dos lançamentos minuciosamente, seguindo todos os passos, conforme temos feito até aqui. Porém, você, ao elaborar qualquer lançamento, deverá ter em mente todos aqueles passos, para facilitar seu raciocínio e conduzi-lo à conclusão do lançamento com segurança.

1. Compra de mercadorias, à vista, conforme NF nº 5.340, de P. Albuquerque, no valor de $ 3.000. O pagamento foi efetuado em dinheiro.
2. Venda de mercadorias, à vista, conforme nossa NF nº 082, no valor de $ 600.
3. Compra de mercadorias, a prazo, de Jane Martins & Cia., conforme Nota Fiscal nº 8.509, no valor de $ 12.000.
4. Venda de mercadorias, a prazo, a Débora Silva, conforme nossa Nota Fiscal nº 141, no valor de $ 2.000.
5. Compra de mercadorias, a prazo, de Silvana Campos S/A, conforme Nota Fiscal nº 2.233, no valor de $ 1.500. Houve aceite, no ato, de três Duplicatas, números 01 a 03, no valor de $ 500 cada uma, vencíveis de 30 em 30 dias.

6. Venda de mercadorias, a prazo, a Thiago Neto, conforme nossa Nota Fiscal nº 987, no valor de $ 6.000. Houve aceite, no ato, de duas Duplicatas, números 01 e 02, no valor de $ 3.000 cada uma, vencíveis de 30 em 30 dias.
7. Pagamento de Despesas de aluguéis, conforme recibo do mês de fevereiro, ao sr. Raul Junior, na importância de $ 1.200, em dinheiro.
8. Abertura de uma conta-corrente no Banco Cardoso S/A, com depósito inicial, em dinheiro, de $ 5.000, conforme recibo nº 729.
9. Nossa retirada de $ 1.000, do Banco Cardoso S/A, conforme cheque nº 145.766, de nossa emissão, para reforço de Caixa.
10. Compra de canetas, papéis para impressora, clipes e impressos para escritório, conforme Nota Fiscal nº 792, da Casa de Cadernos Chiquinha Ltda., no valor de $ 800, cujo pagamento foi efetuado por meio do cheque nº 145.762, de nossa emissão, contra o Banco Cardoso S/A.
11. Venda de mercadorias, à vista, conforme Nota Fiscal nº 701, no valor de $ 2.000.
12. Pagamento de Imposto Predial à Prefeitura do Município, no valor de $ 300, referente a este mês. Pagamento feito em dinheiro, conforme guia.
13. Recebida, da Comercial Santos, a importância de $ 3.000, em dinheiro, referente a serviços prestados, conforme nossa Nota Fiscal nº 0001.
14. Pagamento de conta de Energia Elétrica, referente ao mês, no valor de $ 120, em dinheiro.
15. Compra do apartamento nº 52, situado no prédio Dona Firmina, na Ribeiro da Cunha, nº 35, nesta cidade, o qual pertence ao sr. Frederico Meirelles, sendo pago nas seguintes condições:
    a) no ato, em dinheiro, como sinal: $ 5.000;
    b) o restante será pago de 30 em 30 dias, conforme emissão de Notas Promissórias de números 01 a 05, no valor de $ 20.000 cada.
16. Compra de um refrigerador, conforme Nota Fiscal nº 1.501, de Olga Móveis Ltda., no valor de $ 1.700. O pagamento foi efetuado mediante cheque de nossa emissão, nº 146.763, contra o Banco Cardoso S/A.
17. Compra de mercadorias conforme Nota Fiscal/Fatura nº 1.978, de B. Brandão Ltda., no valor de $ 15.000, nas seguintes condições:
    a) entrada, em dinheiro, $ 5.000;
    b) o restante será pago em 30 dias, conforme nosso aceite da Duplicata nº 1.978/01.
18. Venda de mercadorias conforme nossa Nota Fiscal/Fatura nº 5.552, no valor de $ 1.300, nas seguintes condições:
    a) entrada, em dinheiro, $ 300;
    b) o restante será pago em 45 dias. O cliente, sr. Isildo Campello, aceitou a Duplicata de nossa emissão, nº 5.552/01.

nota
- No capítulo seguinte, você encontrará informações envolvendo a contabilização de algumas contas de resultado, que poderão figurar nos registros contábeis, tanto como despesas quanto como receitas.

CAPÍTULO

6

DESENVOLVENDO A ESCRITURAÇÃO

6.1 Como contabilizar juros, aluguéis e descontos

Nas seções 6.1.1 a 6.1.3, você aprenderá a contabilizar as despesas e as receitas com juros, aluguéis e descontos.

6.1.1 Juros

Quando falamos em juros, logo pensamos em despesa. No entanto, o juro pode ser receita, para quem empresta o dinheiro, ou despesa, para quem toma emprestado o dinheiro. Podemos, então, apresentar dois conceitos:

a) na visão de quem toma o dinheiro emprestado, juro é o preço do uso do dinheiro (despesa);
b) na visão de quem empresta o dinheiro (investidor), juro é a remuneração do capital empregado (receita).

É comum, também, nas empresas, o pagamento ou recebimento de juros pelo atraso no cumprimento de uma obrigação ou pelo atraso no recebimento de um direito. Assim, tanto podemos pagar juros como podemos receber juros. Quando pagamos juros, ocorre uma despesa. Quando recebemos juros, ocorre uma receita.

Note que, quando dizemos que recebemos juros, queremos dizer que recebemos dinheiro referente à receita de juros. Quando falamos que pagamos juros, queremos dizer que pagamos dinheiro referente a despesas de juros. Isso porque todo Fato administrativo (contábil) que ocorre na empresa envolve, pelo menos, duas contas. Nesses casos, uma delas é a conta Caixa, e a outra é uma conta representativa da receita de juro ou uma conta representativa da despesa de juro.

Assim, toda vez que nossa empresa for pagar obrigações com atraso, sejam elas referentes a Duplicatas, Aluguéis, Impostos ou outras, poderá estar sujeita ao pagamento de juros. O mesmo ocorrerá quando for receber direitos com atraso, sejam eles referentes a Duplicatas, Aluguéis ou outros; neste caso, nossa empresa poderá cobrar juros de nossos clientes.

Para facilitar nossos estudos, todos os Fatos administrativos que ocorrem na empresa relacionados a juros serão englobados em apenas dois casos.

1º caso: quando nós pagamos juros (despesa).
Exemplo: pagamento da Duplicata nº 201/01, à sra. Eunice Nunes, no valor de $ 1.000, com 2% de juros pelo atraso. O pagamento foi efetuado em dinheiro.
Veja como fica o esquema para raciocínio:

ELEMENTOS	CONTAS	VALOR	D/C
Duplicata	Duplicatas a Pagar	1.000	D
Juro	Juros Passivos	20	D
Dinheiro	Caixa	1.020	C

> **Observações**
> - O Passivo ficará reduzido de $ 1.000 com a liquidação da obrigação em Duplicatas a Pagar. Logo, a conta Duplicatas a Pagar será debitada. Neste momento, também ocorre uma despesa de $ 20, referente aos juros pagos. Logo, a conta de despesa correspondente, que é Juros Passivos, será debitada.
> - Note que sairá do Caixa a importância de $ 1.020, sendo $ 1.000 referentes ao valor da Duplicata e $ 20 referentes a juros pelo atraso. Logo, a conta Caixa será creditada, pois o Ativo sofreu redução de $ 1.020.

Veja o lançamento em partida de Diário:

```
Diversos
a Caixa
    Pagamento de uma Dupl., como segue:
Duplicatas a Pagar
Eunice Nunes
    Valor da duplicata nº 201/01.                1.000
Juros Passivos
    Juros de 2% sobre Dupl. supra, 20.           1.020
```

2º caso: quando nós recebemos os juros (receita).

Exemplo: recebemos a Duplicata nº 1.032/04, da sra. Helena Viana, no valor de $ 1.000, com 5% de juros pelo atraso. O lançamento, em partida de Diário, ficará assim:

```
Caixa
a Diversos
    Recebimento de uma Dupl., como segue:
a Duplicatas a Receber
    a Helena Viana
        Valor da duplicata nº 1.032/04.          1.000
a Juros Ativos
    Juros de 5% sobre a Dupl. supra, 50.         1.050
```

6.1.2 Aluguéis

Quando pagamos aluguéis, ocorre despesa, e a conta a ser utilizada para registrá-la é Aluguéis Passivos. Porém, quando recebemos aluguéis, ocorre receita, e a conta utilizada para registrá-la é Aluguéis Ativos.

1º caso: despesa de aluguéis

Exemplo: pagamento efetuado à sra. Aline Carneiro, no valor de $ 1.000, em dinheiro, referente ao aluguel deste mês.

Veja como este Fato será registrado no Diário:

```
Aluguéis Passivos
    a Caixa
        Pagamento efetuado à sra. Aline Carneiro,
        ref. ao aluguel deste mês.                    1.000
```

2º caso: receita de aluguéis

Exemplo: recebida do sr. Ricardo Fabián a importância de $ 500, em dinheiro, correspondente ao aluguel de imóvel de nossa propriedade, referente a este mês.

Veja como este Fato será registrado no Diário:

```
Caixa
    a Aluguéis Ativos
        Recebido do sr. Ricardo Fabián,
        ref. ao aluguel deste mês.                    500
```

6.1.3 Descontos

Podem ocorrer na empresa dois tipos de descontos: Descontos Incondicionais e Descontos Condicionais.

- **Descontos Incondicionais:** são aqueles que a empresa oferece a seus clientes sem lhes impor qualquer condição. Esse tipo de desconto ocorre por ocasião das vendas de mercadorias ou de serviços e aparece destacado na Nota Fiscal.
- **Descontos Condicionais:** são aqueles que a empresa concede a seus clientes impondo-lhes alguma condição. Esse tipo de desconto surge, em geral, por ocasião do recebimento de direitos ou do pagamento de obrigações. Um exemplo de condição é a exigência de quitação da dívida antes da data do vencimento.

Enquanto os Descontos Incondicionais ocorrem por ocasião das vendas e, por isso, são também conhecidos por Descontos Comerciais, os Descontos Condicionais ocorrem em data posterior à da venda, ou seja, na data do vencimento de direitos ou de obrigações; por isso, tais descontos são também conhecidos por Descontos Financeiros.

Os Descontos Incondicionais (comerciais) você encontrará na Seção 2.4 do livro *Noções de Contabilidade Comercial* – série **Fundamentos de Contabilidade** – volume 2, de nossa autoria. A seguir, trataremos dos descontos financeiros (condicionais).

São apenas dois os casos em que podem ocorrer Descontos Condicionais (ou Descontos Financeiros):

1º caso: quando nós ganhamos o desconto (receita: Descontos Obtidos)
Exemplo: pagamento, em dinheiro, da Duplicata nº 2.051/02 à Casa Paulistana, no valor de $ 5.000, com 10% de desconto.
O lançamento no Diário fica assim:

```
Duplicatas a Pagar
Casa Paulistana
a Diversos
    Pagamento da Dupl. nº 2.015/02,
    de n/ aceite, como segue:
a Caixa
    Valor líquido pago.                          4.500
a Descontos Obtidos
    Desconto de 10% s/ a Dupl. supra.              500    5.000
```

2º caso: quando nós oferecemos o desconto (despesa: Descontos Concedidos).
Exemplo: recebemos da sra. Luísa Mendes, em dinheiro, a importância correspondente à Duplicata de nossa emissão nº 321/05, no valor de $ 5.000, com 10% de desconto.
O lançamento no Diário fica assim:

```
Diversos
a Duplicatas a Receber
a Luísa Mendes
    Recebimento da Dupl. nº 321/05,
    de n/ aceite, como segue:
Caixa
    Valor líquido recebido.                      4.500
Descontos Concedidos
    Desconto de 10% s/ Dupl. supra.                500    5.000
```

Atividades Teóricas ❶

1. **Responda:**
   1.1 Quantos e quais são os tipos de descontos que podem ocorrer na empresa?
   1.2 O que você entende por juro?
2. **Classifique as afirmativas em Falsa (F) ou Verdadeira (V):**
   2.1 ( ) Quando pagamos juros, ocorre despesa.
   2.2 ( ) Quando pagamos juros, ocorre receita.
   2.3 ( ) Quando recebemos juros, ocorre receita.
   2.4 ( ) Quando recebemos juros, ocorre despesa.

Capítulo 6 • Desenvolvendo a escrituração

3. **Escolha a alternativa correta:**

   3.1 Juros Ativos é o mesmo que:
   - a) Receitas de Juros.
   - b) Despesas de Juros.
   - c) Juros Pagos.
   - d) Juros Passivos.
   - e) Nenhuma das alternativas anteriores.

   3.2 Juros Passivos é o mesmo que:
   - a) Juros Ativos.
   - b) Receitas de Juros.
   - c) Despesas de Juros.
   - d) Juros recebidos.
   - e) Nenhuma das alternativas anteriores.

   3.3 A conta utilizada para registrar o pagamento de aluguéis efetuados pela nossa empresa é:
   - a) Aluguéis Ativos.
   - b) Aluguéis Passivos.
   - c) Despesas de Juros.
   - d) Despesas Gerais.
   - e) Nenhuma das alternativas anteriores.

   3.4 Escolha a alternativa que contém apenas contas de despesas:
   - a) Juros Ativos, Aluguéis Passivos, Descontos Concedidos.
   - b) Juros Passivos, Aluguéis Passivos, Descontos Concedidos.
   - c) Descontos Concedidos, Juros Passivos, Receitas de Juros.
   - d) Juros a Pagar, Juros Pagos, Juros Incorridos.
   - e) Nenhuma das alternativas anteriores.

   3.5 Escolha a alternativa que contém apenas contas de receitas:
   - a) Juros Ativos, Aluguéis Passivos, Descontos Obtidos.
   - b) Descontos Concedidos, Juros Ativos, Aluguéis Ativos.
   - c) Juros Ativos, Aluguéis Ativos, Descontos Obtidos.
   - d) Juros Recebidos, Juros Devidos, Juros a Receber.
   - e) Nenhuma das alternativas anteriores.

Atividades Práticas

Escriture, em folhas de Diário, os seguintes Fatos:

1. Pagamento de $ 3.000, em dinheiro, efetuado ao sr. Nicholas Pardo, referente ao aluguel deste mês do imóvel em que nossa empresa está instalada.
2. Recebida da sra. Julia Pinheiro a importância de $ 700, correspondente ao aluguel deste mês de um imóvel de nossa propriedade.
3. Pagamento de uma Duplicata à Casa Rotundo, em dinheiro, com 5% de juros. Valor da Duplicata nº 20: $ 1.000.

4. Pagamento, em dinheiro, da Duplicata nº 171 a empresa de Antônio José, no valor de $ 500, com 2% de desconto.
5. Recebimento, em dinheiro, da Duplicata nº 11/05, da sra. Maria Paula, no valor de $ 200, com 5% de juros.
6. Recebimento, em dinheiro, da Duplicata nº 741/01, da sra. Zélia Maria, no valor de $ 300, com desconto de 2%.
7. Pagamento, em dinheiro, à senhora Catarina Granja, de aluguel do imóvel em que nossa empresa está instalada, referente ao mês em curso, no valor de $ 2.000, com desconto de 5%, conforme recibo nº 2.
8. Recebimento, em dinheiro, da sra. Geni Luca, referente ao aluguel deste mês, no valor de $ 1.500, com 10% de desconto, conforme recibo nº 5.
9. Pagamento da Duplicata nº 455, à Comercial Moura, no valor de $ 800, com 1% de juro pelo atraso.
10. Pagamento de aluguel à sra. Isaura Costa, no valor de $ 3.000, com 5% de juros, referente ao mês anterior. O pagamento foi efetuado mediante cheque de nossa emissão nº 111.899, contra o Banco Cardoso S/A.
11. Recebimento de uma Duplicata nº 899/7, da sra. Zuleica Abreu, no valor de $ 4.000, com desconto de 10%. No pagamento da Duplicata, recebemos um cheque de emissão da devedora, contra o Banco Tutu S.A. Cheque nº 100.
12. Pagamento de uma Nota Promissória ao Banco Cardoso S/A, no valor de $ 20.000, com 6% de juros pelo atraso. O pagamento foi efetuado mediante cheque nº 100.005, de nossa emissão, contra o Banco Brasileiro S/A.

6.2 Como contabilizar os fatos da fase de constituição das empresas

Na fase de constituição das empresas, destacam-se dois momentos: Constituição e Realização do Capital. Na sequência, você aprenderá a contabilizar os fatos que ocorrem nesses dois momentos.

6.2.1 Constituição e Realização do Capital

No Capítulo 2, vimos que, para constituir uma empresa, precisamos ter, inicialmente, um Capital. Vimos, também, que esse Capital pode ser composto por dinheiro ou, ainda, por parte em dinheiro e parte em outros bens e/ou direitos.

Na fase de constituição de uma empresa, podemos considerar dois momentos:

a) **Constituição do Capital:** momento em que o proprietário decide montar seu negócio, definindo o valor do Capital e providenciando o registro da empresa nos órgãos competentes, visando dotá-la de personalidade jurídica;
b) **Realização ou Integralização do Capital:** momento em que o proprietário entrega para a empresa, como pagamento do Capital que constituiu, em dinheiro ou parte em dinheiro e parte em vários bens e/ou direitos.

Nesta seção, você aprenderá a contabilizar a Constituição e a Realização do Capital das empresas individuais. Empresa individual é aquela constituída por uma só pessoa física, que a representa e responde ilimitadamente pelos atos por ela praticados em nome da empresa.

6.2.1.1 *Capital realizado em dinheiro*

Em 2 de maio de X3, Luiz Claudio constituiu uma empresa individual para explorar o comércio de instrumentos musicais, situada na Rua Monteiro, nº 17, nesta cidade, efetuando registro nos órgãos públicos competentes. Seu capital é de $ 50.000, o qual foi realizado em dinheiro no ato da constituição.

Veja como ficará o esquema para raciocínio lógico do lançamento:

ELEMENTOS	CONTAS	VALOR	D/C
Dinheiro	Caixa	50.000	D
Capital	Capital	50.000	C

Observações

- A conta Caixa será debitada, pois é uma conta do Ativo que representa a quantia em dinheiro recebida pela empresa, de seu titular, como realização do capital. Portanto, o recebimento dessa quantia acarreta aumento no Ativo.
- A conta Capital será creditada, pois é uma conta do grupo do Patrimônio Líquido, que fica do lado do Passivo e representa, neste caso, a situação líquida inicial positiva, motivo pelo qual acarreta aumento no lado do Passivo.

Contabilização no Diário:

```
Caixa
  a Capital
    Pela constituição do capital da empresa
    de Luiz Claudio, realizado integralmente
    nesta data, em moeda.                        50.000
```

6.2.1.2 *Capital realizado em bens e direitos*

Em 20 de abril de X3, Wendey constituiu uma empresa individual para explorar o comércio de brinquedos, situada na Rua São José, nº 39, nesta cidade, conforme registro nos órgãos públicos competentes, com capital no valor de $ 20.000, realizado no ato da constituição com os seguintes bens e direitos:

- em dinheiro: $ 9.000;
- diversos móveis, conforme relação, avaliados em $ 6.000;
- duas Notas Promissórias emitidas a seu favor por Douglas Felix, no valor de $ 2.500 cada.

Noções de Contabilidade

Contabilização no Diário:

	Diversos			
	a Capital			
	Pela constituição da firma individual de Wendey, conforme registro nos órgãos competentes, com capital realizado nesta data, como segue:			
	Caixa			
	Em dinheiro		9.000	
	Móveis e Utensílios			
	conforme relação.		6.000	
	Promissórias a Receber			
	Douglas Felix			
	Valor de duas NP, transferidas para esta firma, emitidas originalmente a favor de seu titular e que compõem parte do capital em realização.		5.000	20.000

Nos dois casos estudados, a realização do capital foi feita no momento da constituição da empresa. Entretanto, a entrega (Realização ou Integralização) para a empresa dos elementos que compõem o capital, por seu proprietário ou pelos sócios (quando se tratar de sociedade[1]), pode ser feita parceladamente, como veremos a seguir.

6.2.1.3 *Capital realizado em parcelas*

Em 21 de novembro de X3, Juliana Muller constituiu uma empresa individual para explorar o comércio de artigos infantis em geral, situada na Rua Felicidade, nº 932, nesta cidade, conforme registro nos órgãos públicos competentes, com Capital no valor de $ 8.000, a ser realizado da seguinte maneira: 50% no ato da constituição, e o restante, 90 dias depois.

Solução
a) Pela constituição do capital em 21/11/X3
   Veja como fica o esquema para contabilização:

ELEMENTOS	CONTAS	VALOR	D/C
Direito	Titular conta Capital a Realizar	8.000	D
Capital	Capital	8.000	C

---

[1] Empresa constituída por duas ou mais pessoas.

Observação

▸ Como a realização do Capital será parcelada, no momento da constituição da empresa, costuma-se debitar uma conta que represente o direito de a empresa receber, futuramente, o valor do Capital subscrito[2] por seu proprietário. Neste caso, estamos utilizando a conta titular conta Capital a Realizar. De acordo com o tipo da empresa, essa conta poderá ter denominações diferentes, como: Quotistas Conta Capital a Realizar (sociedade por quotas de responsabilidade limitada), Acionistas Conta Capital a Realizar (sociedades por ações), e assim por diante.

nota

- A conta "Titular conta Capital a Realizar" não foi apresentada no Elenco de Contas do Capítulo 3. Embora represente direito da empresa para com seu proprietário, no Balanço Patrimonial deve figurar no grupo do Patrimônio Líquido, com sinal negativo. Não apresentaremos mais detalhes, dado o caráter introdutório da presente obra.

Contabilização no Diário:

```
Titular conta Capital a Realizar
Juliana Muller
a Capital
    Pela constituição do capital da
    empresa individual de Juliana Muller,
    com realização em duas parcelas.           8.000
```

b) Pela realização de parte do capital em 21/11/X3
Contabilização no Diário:

```
Caixa
a Titular conta Capital a Realizar
a Juliana Muller
    Sua realização, em moeda corrente,
    de parte do capital, nesta data.           4.000
```

É conveniente que o valor do Capital realizado em dinheiro seja depositado em conta bancária, em nome da empresa. Agindo dessa forma, fica mais fácil comprovar, para as autoridades fiscais, que o Capital foi realmente realizado.

---

[2] A subscrição do Capital consiste no compromisso assumido pelo proprietário (ou pelos sócios) em realizar o Capital. Esse compromisso é assumido no dia da constituição da empresa. As condições em que o Capital será realizado constarão dos contratos assinados pelos sócios (sociedade em geral) ou dos estatutos por eles aprovados (sociedades por ações – companhias).

Para exemplificar, vamos assumir que, em 22 de novembro de X3, Juliana tenha efetuado depósito no Banco Cardoso S/A, em conta-corrente bancária em nome da empresa, da importância do capital realizado.

A contabilização do depósito, no Livro Diário, é feita da seguinte maneira:

```
Bancos conta Movimento
  Banco Cardoso S/A
a Caixa
    Pela abertura de conta conf. recibo.        4.000
```

- Após 90 dias, a proprietária da empresa realizará o restante do Capital, em dinheiro, e a contabilização será igual ao lançamento apresentado na letra "b".

LEITURA COMPLEMENTAR

Aumento e diminuição do Capital

O Capital da empresa pode ser aumentado ou diminuído a qualquer tempo.

Os aumentos são comuns e podem decorrer de novas subscrições feitas pelo titular (empresa individual), pelos sócios (empresa societária) ou por incorporações de reservas, assunto tratado em estágios mais avançados dos estudos da Contabilidade.

No caso de novas subscrições, ou seja, quando o titular da empresa individual, por exemplo, decide aumentar o capital, investindo mais recursos próprios na empresa, a contabilização é semelhante à da Constituição do Capital, que você acabou de estudar: debitam-se as contas representativas dos elementos entregues pelo titular (dinheiro, móveis etc.) e credita-se a conta Capital. Caso haja subscrição do aumento para realização futura, no momento da subscrição será debitada a conta que representa o direito da empresa: titular conta Capital a Realizar, como já visto.

As diminuições do capital são raras, porém podem ocorrer. Nas empresas individuais, por exemplo, quando o titular decide reduzir o valor do capital, a contabilização do fato é feita debitando-se a conta Capital e creditando-se a conta Caixa ou outra representativa do elemento que for entregue ao titular.

Nas sociedades, as reduções do Capital, quando ocorrem, normalmente resultam de retirada de sócios membros da entidade.

Finalmente, convém ressaltar que tanto os aumentos quanto as diminuições do capital devem ser devidamente registrados nos mesmos órgãos públicos onde a empresa providenciou seu registro por ocasião de sua constituição.

Atividades Práticas ❷

Escriture, em partidas de Diário, os seguintes fatos:

1. Pedro Henrique inicia suas atividades para explorar o comércio de calçados com o Capital realizado, em dinheiro, no valor de $ 10.000, registrado na Junta Comercial do Estado, sob nº 722.481, em sessão de 10/08/X3.
2. César Silva inicia suas atividades para explorar o ramo de prestação de serviços de conserto de eletrodomésticos em geral, na Rua do Mercado, nº 300, nesta cidade, com capital de $ 15.000, integralizado em dinheiro, conforme inscrição municipal nº 731.
3. Pedro Henrique aumenta hoje seu capital, em dinheiro, no valor de $ 40.000, conforme registro de alteração de capital efetuado na Junta Comercial do Estado, sob nº 842.790, em sessão de 22/05/X3.
4. Pedro Henrique reduz hoje seu capital, retirando da empresa a importância de $ 5.000, em dinheiro, conforme registro de alteração de Capital na Junta Comercial do Estado, sob nº 971.222, em sessão de 25/09/X5.
5. Letícia Manzano constitui uma empresa individual para explorar o comércio de roupas femininas em geral, situada na Rua Mônica, nº 721, nesta cidade, conforme registro na Junta Comercial sob nº 4.464, em sessão de 12/04/X3.
   Efetuar a contabilização da constituição do capital, bem como da realização parcial, em dinheiro, ocorrida na data da constituição, e a realização do restante, ocorrida 150 dias depois, também em dinheiro.
6. Fernando Coelho constitui uma empresa individual para explorar o comércio de móveis, situada na Rua dos Operários, nesta cidade, conforme registro na Junta Comercial do Estado, sob nº 1.969, em sessão de 08/05/X3, Seu capital é de $ 40.000, a ser integralizado da seguinte maneira:
   a) no dia da constituição, em dinheiro: $ 10.000; diversos móveis avaliados em $ 5.000; um automóvel, conforme certificado de propriedade nº 93.939, no valor de $ 15.000;
   b) o restante será integralizado em dinheiro, 50 dias depois.
   Efetuar a contabilização da constituição e da realização na data da constituição, bem como a realização ocorrida 50 dias depois.

6.3 Despesas de constituição

Na fase de constituição da empresa, uma série de gastos são necessários visando à sua organização. Esses gastos são realizados pelo Titular (empresa individual) ou pelos sócios (empresa societária), e representam não somente despesas, como também aquisições de estoques e bens de uso. Esses gastos são indispensáveis tanto para que a empresa adquira personalidade jurídica quanto para estruturá-la adequadamente, preparando-a para o início de suas atividades operacionais.

Nesta seção, trataremos somente dos gastos que representam despesas, pois as aquisições de Estoques e de bens de uso devem ser contabilizadas normalmente em contas que representam bens materiais, conforme já estudamos.

Dessa forma, podemos separar as despesas da fase de constituição das empresas em dois grupos: Despesas de Legalização e Despesas Pré-operacionais, embora ambas possam ser contabilizadas em uma só conta e ocorram antes mesmo de a empresa iniciar suas atividades operacionais.

As Despesas de Legalização compreendem aquelas necessárias para que a empresa adquira personalidade jurídica e possa operar. São, normalmente, gastos de pequena monta envolvendo o pagamento de taxas para registro da empresa nos órgãos públicos competentes; aquisição de formulários e de documentos requeridos, conforme o porte ou o ramo de atividade a ser explorado pela empresa. As Despesas de Legalização abrangem também pagamentos de honorários a diversos profissionais, principalmente os que atuam na área contábil.

Quando a empresa estiver devidamente constituída e legalizada perante os órgãos públicos, há um período, denominado período pré-operacional, durante o qual o Titular ou os sócios estruturarão a empresa, preparando-a para entrar em atividade.

O período pré-operacional varia conforme o ramo de atividade e o porte da empresa. Nas empresas comerciais, abrange desde a fase da constituição do capital até o momento em que a empresa abre as portas para iniciar suas vendas de mercadorias aos clientes. Nesse intervalo de tempo, muitos gastos são efetuados com a compra de Mercadorias, Móveis e Utensílios e com o pagamento de inúmeras despesas, como: reformas do imóvel para melhor adequá-lo às necessidades do negócio (pagamento a construtores, engenheiros, pedreiros, carpinteiros, marceneiros, pintores, encanadores, decoradores e referentes à compra de materiais necessários à realização dessas reformas); gastos com propaganda e publicidade, pois a nova empresa precisa se tornar conhecida no mercado; pagamentos de despesas com lanches e refeições, transporte etc. Enfim, todos os gastos que ocorrem no período pré-operacional e que se referem a despesas devem ser considerados como despesas de constituição (despesas pré-operacionais).

Convém salientar novamente que, nessa fase de constituição da empresa, os gastos relacionados com a aquisição de bens de uso (Móveis e Utensílios, Veículos, Computadores etc.) ou de bens de troca, como é o caso das Mercadorias para revenda, não se enquadram como despesas de constituição, devendo ser registrados em contas representativas de bens, integrantes do Ativo.

EXEMPLO PRÁTICO

Contabilização

Suponhamos que os gastos realizados por determinada empresa, visando à sua organização, sejam os constantes da seguinte relação:

RELAÇÃO DOS GASTOS COM A ORGANIZAÇÃO DA EMPRESA "X" Realizados entre 10 e 30 de março de X3		
	HISTÓRICO	**VALOR**
1	Nota Fiscal nº 632, referente à aquisição de formulários para abertura da firma, adquiridos na Papelaria Florzinha.	50
2	Nota Fiscal nº 834, da Papelaria Florzinha, referente à aquisição de livros fiscais e contábeis.	150
3	Nota Fiscal de Serviços nº 201, referente ao pagamento efetuado ao despachante sr. Eduardo Lopes.	200
4	Nota Fiscal de Serviços nº 009, referente à pintura efetuada na empresa, paga à Casa da Tinta.	2.000
5	Diversos documentos correspondentes a despesas com condução, lanches e outros.	150
6	Nota Fiscal de Serviços nº 071, da Copiadora Igualzinho, referente a diversas cópias reprográficas.	70
7	Recibo, sem número, referente ao pagamento efetuado ao sr. José Heitor, por serviços de limpeza realizados nas dependências do estabelecimento.	200
8	Nota Fiscal de Serviços nº 981, do Escritório Contábil Pucci, referente a despesas com registros diversos e honorários.	300
	TOTAL	3.120

O registro contábil no Livro Diário será feito pelo seguinte lançamento:

```
Gastos de Organização
    a Caixa
        Pagamento de despesas com a legalização e
        organização da empresa, conforme relação.      3.120
```

Observações

- Observe que debitamos a conta Gastos de Organização, a qual representa despesa do período.
- Observe, também, que creditamos a conta Caixa, pois houve saída de dinheiro e, consequentemente, diminuição do Ativo.

> **nota**
> - Conforme já dissemos, a maior parte desses gastos normalmente ocorre quando a empresa ainda não está legalizada, motivo pelo qual são realizados pelo proprietário ou pelos sócios, os quais, mediante a apresentação de comprovantes, serão futuramente reembolsados pela empresa.

6.4 Erros de Escrituração – Retificação de Lançamentos

Entre os livros de Escrituração que estudamos, vimos que o Diário, para que mereça fé em favor do proprietário (empresa individual) ou dos sócios (empresas societárias), está sujeito a formalidades intrínsecas, como: a escrituração será completa, em idioma e moeda corrente nacionais, em forma contábil, com individualização e clareza, por ordem cronológica de dia, mês e ano, sem intervalos em branco nem entrelinhas, borrões, rasuras, emendas ou transportes para as margens.

Sabemos que errar é humano (só não erra quem não faz). Por isso, vamos aprender agora como corrigir os erros que porventura ocorram na Escrituração do Livro Diário.

Os erros de Escrituração mais comuns são: erros de redação, borrões, rasuras, escritos nas entrelinhas, intervalos em branco (saltos de linhas ou páginas), erros de valores lançados a maior ou a menor, troca de uma conta por outra, inversão de contas, omissão de lançamentos e lançamentos em Duplicata.

A correção pode ser feita por meio de retificação de lançamento e ressalva por profissional habilitado.

Retificação de lançamento é o processo técnico de correção de registro realizado com erro na escrituração contábil.

A retificação de lançamento pode ser realizada por meio de estorno, lançamento de transferência e lançamento complementar.

Estorno é o lançamento inverso àquele feito erroneamente, anulando-o totalmente. Portanto, estornar significa lançar ao contrário, isto é, a conta debitada no lançamento errado será creditada no lançamento de estorno, e a conta creditada no lançamento errado será debitada no lançamento de estorno. Procedendo assim, o lançamento de estorno anula o lançamento errado.

Lançamento de transferência é aquele que promove a regularização de conta indevidamente debitada ou creditada, por meio da transposição do registro para a conta adequada.

Lançamento complementar é aquele realizado com o fim de retificar o valor de um lançamento por ter sido efetuado a menor ou a maior.

6.4.1 Erros de redação

Nos erros de redação (Histórico), quando constatados antes de encerrado o lançamento, basta utilizar um termo adequado, como: "digo", "ou melhor", "isto é" etc.

Exemplo:

```
Móveis e Utensílios
   a Caixa
      Nota Fiscal nº 890, referente à
      compra de um automóvel, digo,
      de uma mesa.                              1.000
```

- Com o advento do computador, na escrituração desenvolvida por meio de processamento eletrônico de dados, esse tipo de erro deixou de existir.

Se, porventura, o erro de Histórico for notado posteriormente, a solução será estornar o lançamento e efetuar novo lançamento correto.

Exemplo: suponhamos que o lançamento a seguir, escriturado no dia 30/04/X3, na página 421 do Livro Diário, contenha um erro de redação: a compra foi de uma mesa, porém, no Histórico, constou a compra de um automóvel.

```
Móveis e Utensílios
   a Caixa
      NF nº 890, referente à compra de
      um automóvel.                             800
```

Suponhamos que o erro tenha sido detectado no dia 20 de setembro do mesmo ano. Veja como ficará o lançamento de estorno:

```
Caixa
   a Móveis e Utensílios
      Estorno do lançamento escriturado em
      30/04 do corrente, na página 421 deste
      livro, referente à compra de uma mesa:
      tendo em vista erro de redação.           800
```

Aí, lançamos outra vez, corretamente, como se ainda não o tivéssemos lançado.

Móveis e Utensílios
a Caixa
  NF, nº 890, ref. à aquisição
  de uma mesa.   800

6.4.2 Borrões, rasuras, registros nas entrelinhas

Ocorrendo um desses erros de Escrituração, o profissional da Contabilidade deverá ressalvar, datar e assinar a ressalva na página do Livro Diário em que constar o respectivo erro.

Exemplo:

Suponhamos que o profissional da contabilidade de uma empresa, ao lançar manualmente a importância de $ 10.000 no Livro Diário, tenha registrado indevidamente a quantia de $ 100.000, e, na tentativa de corrigir o erro, o lançamento fica borrado. Veja como a ressalva poderá ser feita:

São Paulo, 10 de Abril de X1
Caixa
a Bancos conta Movimento
a Bancos do Brasil S/A.
  Nosso saque nesta data para
  reforço de caixa, conforme cheque
  nº 982.433   100.000

Ressalva: O valor correto do cheque nº 982.433 é $ 10.000. Por engano lançamos $ 100.000. Portanto, ficou rasurado o lançamento.
10/08/X1

6.4.3 Intervalos em branco (saltos de linhas ou de páginas)

Havendo saltos de linhas, estas deverão ser preenchidas com traços horizontais ou com um traço diagonal que transpasse linhas em branco, além da ressalva datada e assinada pelo profissional da Contabilidade.

Exemplo:

conforme NF nº 831   500

Caixa
a Veículos
  Venda de um automóvel.

Ressalva: Por um lapso, ocorreu salto de duas linhas, que ora inutilizaremos.
10/08/X1

Capítulo 6 • Desenvolvendo a escrituração

Havendo saltos de páginas ou espaços em branco em folhas não pautadas, estes deverão ser preenchidos com traços diagonais e com a ressalva datada e assinada pelo profissional da Contabilidade.

6.4.4 Valores lançados a maior

Exemplo:

```
Impostos e Taxas
  a Caixa
    Pago imposto predial ref. este mês,
    conf. recibo.                                    785
```

Suponhamos que o valor correto do Imposto seja de $ 758. Nesse caso, a correção poderá ser feita de duas maneiras:

a) **Estorno:** estornar o lançamento inteiro (anulá-lo) e lançar novamente a importância correta, conforme visto na Seção 6.4.2.
b) **Lançamento complementar:** estornar apenas a diferença.
   - Valor lançado: 785
   - Valor que deveria ser lançado: 758
   - Diferença a maior: 27

Vamos solucionar pela opção "b". Acompanhe:

```
Caixa
  a Impostos e Taxas
    Estorno de parte do lançamento efetuado
    a maior, em ___/___/___, na p. ___
    deste livro, ref. pagamento de imposto
    predial d/ mês.                                   27
```

6.4.5 Valores lançados a menor

Exemplo:

```
Impostos e Taxas
  a Caixa
    Pago imposto predial ref. a este
    mês, conf. recibo.                                390
```

Vamos assumir que o valor correto do Imposto seja de $ 890. Esse erro também pode ser corrigido de duas maneiras:

a) **Estorno:** estornar o lançamento e registrar o fato corretamente.
b) **Lançamento complementar:** repetir o lançamento original, lançando apenas a diferença.
- Valor do Imposto pago: 890
- Valor do Imposto lançado: 390
- Diferença a lançar: 500

Vamos corrigir essa diferença pela opção "b". Acompanhe:

6.4.6 Troca de uma conta por outra

Exemplo:

```
Móveis e Utensílios
a Caixa
    Compra de um automóvel, conf. NF
    nº 5.201, da Comercial Dias S/A              45.000
```

Vamos assumir que o Histórico esteja correto. Logo, a conta a ser debitada seria Veículos, porém, lançamos erroneamente Móveis e Utensílios. A correção pode ser feita de duas maneiras:

a) **Estorno:** estornar o lançamento e escriturar o fato corretamente.
b) **Lançamento de transferência:** transferir o débito da conta Móveis e Utensílios para a conta Veículos.

Vamos solucionar pela opção "b". Acompanhe:

```
Veículos
a Móveis e Utensílios
    Transferência que se processa da
    2ª p/ a 1ª conta, tendo em vista, lançamento
    indevido em ___/___/___ ref. à compra de um
    automóvel, conforme NF nº 5.201.             45.000
```

Capítulo 6 • Desenvolvendo a escrituração

6.4.7 Inversão de contas

Exemplo:

```
    Caixa
      a Veículos
         Compra de um veículo etc.          30.000
```

Assumindo que o Histórico esteja correto, note que ocorreu compra à vista de um automóvel, e não venda. Logo, a conta Veículos é que teria de ser debitada, e a conta Caixa, creditada. Nesse caso, a correção também pode ser feita de duas maneiras:

a) **Estorno:** estornar o lançamento e registrar o fato corretamente.
b) **Estorno/transferência:** inverter a posição das contas, como no estorno, e lançar a importância duas vezes.

Vamos solucionar pela opção "b". Acompanhe:

```
    Veículos
      a Caixa
         Estorno do lançamento de ___/___/___
         constante da p. ____ deste livro
         tendo em vista inversão de contas    30.000
         Compra de um automóvel etc.          30.000   60.000
```

6.4.8 Omissão de lançamentos

A omissão ocorre pelo esquecimento, isto é, na época oportuna o profissional da Contabilidade deixa de efetuar o registro de um fato, por um motivo qualquer. Passado algum tempo, ele verifica a omissão. Nesse caso, a correção é simples. Basta proceder ao registro do fato no dia em que verificou a omissão, mencionando, no Histórico, o motivo e a data correta do evento.

Quando a omissão implicar falta de recolhimento de Tributos, a empresa deverá providenciar os respectivos recolhimentos, espontaneamente, acrescidos dos encargos correspondentes.

6.4.9 Lançamento em duplicata

Ocorre quando o profissional da Contabilidade registra, por qualquer motivo, duas vezes o mesmo fato administrativo. Quando notada tal ocorrência, basta que se proceda ao estorno do lançamento que estiver a mais.

nota
- O histórico do lançamento deve precisar o motivo da retificação, a data e a localização do lançamento de origem.

Atividades Teóricas

1. **Responda:**
   1.1 Verificando os documentos da empresa, constatou-se uma Nota Fiscal nº 101, emitida pela Casa Ciranda, referente à aquisição de duas cadeiras giratórias, no valor de $ 2.000, a qual não havia sido registrada ainda pela Contabilidade. O fato havia ocorrido quinze dias antes do constatado. Quais são os procedimentos a serem tomados?
   1.2 Quais são os modos utilizados para correção dos erros de Escrituração?
   1.3 O que você entende por estorno?
   1.4 Quando se constata uma importância lançada a maior, além do estorno, qual é o outro recurso que temos para correção?
   1.5 Cite três erros de Escrituração que podem ocorrer no Livro Diário.
   1.6 Em que situações devemos utilizar um lançamento complementar?

Atividades Práticas

Correções no Diário

1. Pelo Histórico do lançamento a seguir, note que a conta devedora foi lançada indevidamente. Proceda à correção:

   Veículos
   a Caixa
   NF nº 899, ref. à aquisição de
   uma estante.   2.000

2. Pelo histórico do lançamento a seguir, note que a conta credora foi lançada indevidamente. Proceda à correção:

   Estoque de Mercadorias
   a Fornecedores
   Comercial B. Brandão
      S/ NF nº 721, ref. à compra
      de mercadorias, à vista, cujo paga-
      mento for efetuado mediante nossso
      cheque nº 001, contra o Banco Cardoso S/A.   12.000

Capítulo 6 • Desenvolvendo a escrituração

127

3. Pelo Histórico do lançamento a seguir, note que o pagamento foi efetuado em dinheiro, e não em cheque. Corrija:

```
Móveis e Utensílios
a Bancos conta Movimento
    Paga a NF nº 333, da Comercial B. Brandão,
    ref. à compra de móveis, em dinheiro.              5.000
```

4. Pelo Histórico do lançamento a seguir, note que houve débito em Conta indevida. Portanto, proceda à correção:

```
Móveis e Utensílios
a Caixa
    Pagamento efetuado à Cia. Seguradora
    Bem-Estar, referente ao prêmio de
    seguro, conf. recibo.                              3.000
```

CAPÍTULO 7

MONOGRAFIA – PRÁTICA DE ESCRITURAÇÃO

7.1 Instruções gerais

1. Você deve escriturar todos os Fatos Administrativos a seguir nos livros Diário, Razão e, quando couber, no Caixa e no Contas-Correntes.
2. Após efetuada a Escrituração, levante o Balancete de Verificação do Razão (para atender ao solicitado neste item, estude o Capítulo 8).
3. Partindo do Balancete, apure o Resultado do Exercício e levante o Balanço Patrimonial simplificado (para atender ao solicitado neste item, estude o Capítulo 9).
4. Os erros de Escrituração que porventura ocorrerem deverão ser corrigidos observando-se as técnicas usuais para correção, estudadas na Seção 6.4.
5. Transcreva o Balanço Patrimonial no Livro Diário.
6. Para escriturar esta prática, utilize as contas do Elenco de Contas constante do Capítulo 3, com seus respectivos códigos.
7. Como vimos, esses códigos facilitam a identificação das contas, principalmente se a Escrituração for efetuada por meio do computador.

- O objetivo deste trabalho é ensiná-lo a escriturar os livros Diário, Razão, Caixa e Contas-Correntes. Por isso, optamos por usar, como modelo, uma empresa de prestação de serviços, a qual, dada sua natureza, não envolve operações trabalhosas, pois nosso propósito, neste estágio, é situá-lo na matéria de maneira tal que você a domine bem. Por ora, pretendemos ensinar o registro dos Fatos nos livros contábeis.

7.2 Dados para Escrituração

1. Informações sobre a empresa:
2. Empresa individual: Natália Gusmão.
3. Nome fantasia: NACON – Assistência Contábil.
4. Ramo de negócio: prestação de serviços profissionais de assistência contábil e fiscal.
5. Endereço: Rua Felicidade, nº 9, nesta cidade.
6. Registro cadastral no órgão de classe competente, sob nº 86.000.
7. Inscrição no órgão público municipal, sob nº 1.134/04.
8. Inscrição no órgão público federal, sob nº 47.112.832-48.
9. Abertura dos livros: início das atividades em 01/10/X1.

Fatos administrativos para contabilização:
Em 01/10/X1

1. Natália Gusmão inicia suas atividades com Capital de $ 10.000, realizado em dinheiro, nesta data.
2. Abertura de conta-corrente bancária, no Banco Cardoso S/A, para movimento da empresa, sob nº 417.74.70881-6, com depósito inicial de $ 10.000, conforme recibo nº 1.348.

3. Saque de $ 5.000, para reforço de Caixa, por meio do nosso cheque nº 731.401, contra o Banco Cardoso S/A.
4. Pagamento, em dinheiro, de diversas despesas referentes à legalização da empresa, incluindo aquisição de livros contábeis e fiscais, taxas etc., no valor de $ 500, conforme relação.

Em 05/10/X1

5. Compra, a prazo, conforme NF nº 0721, da Casa de Móveis Ribeiro Ltda., de duas escrivaninhas, uma mesa para computador, duas mesas comuns, oito cadeiras e dois armários de aço, para uso da empresa, no valor de $ 6.000. Houve aceite, no ato, de seis Duplicatas nºs 0721/01 a 0721/06, no valor de $ 1.000 cada, para vencimentos de 30 em 30 dias.

Em 08/10/X1

6. Compra de um microcomputador conforme configurações constantes da NF nº 1.951, da Importadora Korean, no valor de $ 3.000. A compra foi efetuada a prazo, com aceite de seis Duplicatas nºs 1.951/01 a 1.951/06, no valor de $ 500 cada, para vencimentos de 30 em 30 dias.
7. Natália Gusmão efetuou outros gastos com a organização da empresa, conforme relação (pintura, reforma do imóvel etc.), cujo pagamento foi efetuado nesta data, em dinheiro: $ 800.
8. Compra de materiais de limpeza (vassoura, rodo, sabões, desinfetantes e papéis), conforme NF nº 9.000, do Supermercado Fran, no valor de $ 15. O pagamento foi efetuado em dinheiro.

Em 10/10/X1

9. O prédio em que a empresa está instalada é de propriedade do sr. Fernando Coelho, ao qual foi pago o aluguel referente ao mês de setembro, conforme recibo nº 001, no valor de $ 2.000. O pagamento foi efetuado por meio do nosso cheque nº 731.402, emitido contra o Banco Cardoso S/A.

Em 15/10/X1

10. Aquisição de livros, impressos e materiais diversos para uso durante o expediente da empresa, conforme NF nº 342, da Papelaria Cult, no valor de $ 40, pago em dinheiro.
11. Natália Gusmão prestou serviços diversos, recebendo, em dinheiro, a importância de $ 2.000, e emitiu a NF nº 001.

Em 20/10/X1

12. Natália Gusmão recebeu, do Banco Cardoso S/A, um aviso de débito efetuado em sua conta-corrente, referente à emissão de talões de cheques e outras taxas, no valor de $ 8.

13. Aquisição de um refrigerador e duas calculadoras eletrônicas, para uso da empresa, conforme Notas Fiscais nºs 401 e 402, de Marcelo Setti S/A, no valor de $ 4.000. O pagamento foi efetuado à vista, em dinheiro.

Em 28/10/X1

14. Compra de um automóvel marca ABC, a prazo, da Distribuidora de Veículos Intercontinental S/A, no valor de $ 12.000, conforme NF nº 2.000. Houve aceite, no ato, de 4 Duplicatas nºs 2.000/01 a 2.000/04, no valor de $ 3.000 cada, vencíveis de 30 em 30 dias.
15. Pagamento efetuado ao despachante Lucas Bruno, referente ao licenciamento do veículo, incluindo Imposto, taxa de licenciamento etc., conforme recibo nº 380, no valor de $ 450. O pagamento foi efetuado em dinheiro.
16. Recebida a importância de $ 8.000 referente a serviços prestados, conforme nossas Notas Fiscais nºs 002 a 019.
17. Paga, no Banco Brasileiro S/A, consumo de energia elétrica, conforme Nota Fiscal referente ao mês corrente, no valor de $ 60. O pagamento foi efetuado em dinheiro.

Em 29/10/X1

18. Depósito efetuado no Banco Cardoso S/A, conforme recibo, da importância de $ 6.000, em dinheiro.

Em 03/11/X1

19. Serviços prestados ao sr. Daniel Leite, conforme nossa NF nº 020, no valor de $ 1.500. Houve aceite, no ato, de três Duplicatas nºs 020/01 a 020/03, no valor de $ 500 cada, vencíveis de 30 em 30 dias.

Em 05/11/X1

20. Natália aumenta, nesta data, o seu Capital, em $ 5.000, em dinheiro, com depósito efetuado no Banco Cardoso S/A, conforme recibo nº 501.
21. Pagamento da Duplicata nº 1.951/01 à Importadora Korean, no valor de $ 500, com 10% de desconto. O pagamento foi efetuado em dinheiro.
22. Pagamento efetuado ao Posto Coqueiro, referente à aquisição de gasolina, conforme NF nº 44.433, no valor de $ 55. O pagamento foi efetuado em dinheiro.

Em 10/11/X1

23. Pagamento do aluguel referente ao mês de outubro do ano corrente, ao sr. Fernando Coelho, no valor de $ 2.000. Pagamento efetuado em dinheiro, conforme recibo nº 002.
24. Pagamento da Duplicata nº 0721/01, à Casa de Móveis Ribeiro Ltda., no valor de $ 1.000, acrescido de 10% de juros por atraso. O pagamento foi efetuado por meio do nosso cheque nº 731.403, contra o Banco Cardoso S/A.

25. Serviços prestados ao sr. Edison Natalino, conforme nossa NF nº 021, no valor de $ 2.000. Houve aceite, no ato, de cinco Duplicatas nºs 021/01 a 021/05, no valor de $ 400 cada, com vencimentos de 30 em 30 dias.

Em 28/11/X1

26. Pagamento efetuado à Distribuidora de Veículos Intercontinental S/A, referente à Duplicata nº 1.999/01, no valor de $ 3.000. O pagamento foi efetuado por meio do nosso cheque nº 731.404, contra o Banco Cardoso S/A.

Em 30/11/X1

27. Aquisição de material de expediente, conforme NF nº 1.743, da Paper S/A, no valor de $ 130. O pagamento foi efetuado por meio do nosso cheque nº 731.405, contra o Banco Cardoso S/A.
28. Recebida a importância de $ 3.800, referente a serviços prestados, conforme nossas Notas Fiscais nºs 022 a 050. Entre a importância citada, $ 1.100 foram recebidos em cheques emitidos por nossos clientes, e o restante, em dinheiro.
29. Compra de uma cafeteira elétrica, 250 gramas de café e um quilo de açúcar, conforme NF nº 123 do Supermercados Parceria, no valor de $ 35. O pagamento foi efetuado em dinheiro.
30. Pagamento efetuado no Banco Brasileiro S/A, referente a consumo de água e utilização de esgoto, no valor de $ 20. O pagamento foi efetuado em dinheiro.
31. Pagamento efetuado, em dinheiro, à Prefeitura Municipal, referente a impostos, taxas e alvará de funcionamento, no valor de $ 140, conforme guia.
32. Pagamento efetuado, no Banco Brasileiro S/A, de consumo de energia elétrica, conforme NF nº 1.020.805, no valor de $ 100. O pagamento foi efetuado em dinheiro.
33. Depósito efetuado no Banco Cardoso S/A, conforme recibo desta data, no valor de $ 3.000.

Em 01/12/X1

34. Pagamento efetuado ao Posto Coqueiro, referente à aquisição de gasolina, conforme NF nº 9.933, no valor de $ 60. O pagamento foi efetuado em dinheiro.
35. Recebida do sr. Daniel Leite duplicata nº 020/01, com 5% de desconto. O valor da Duplicata é de $ 500, e o cliente nos pagou com cheque de sua emissão, contra o Banco Brasileiro S/A.

Em 05/12/X1

36. Pagamento efetuado à Casa de Móveis Moreira Ltda., de uma Duplicata nº 0721/02, no valor de $ 1.000. O pagamento foi efetuado em dinheiro.

Em 08/12/X1

37. Pagamento da Duplicata nº 1.951/02 à Importadora Korean, no valor de $ 500. O pagamento foi efetuado por meio do cheque nº 731.406, de nossa emissão, contra o Banco Cardoso S/A.

Em 10/12/X1

38. Pagamento do aluguel de novembro ao sr. Fernando Coelho, no valor de $ 2.000. O pagamento foi efetuado por meio do nosso cheque nº 731.407, emitido contra o Banco Cardoso S/A, conforme Recibo nº 003.

Em 20/12/X1

39. Recebida do cliente Raul Junior duplicata de nossa emissão, com 10% de juros. O valor da Duplicata nº 021/01 é de $ 400. O cliente nos pagou mediante cheque, de sua emissão, contra o Banco Brasileiro S/A.

Em 23/12/X1

40. Pagamento efetuado à Distribuidora de Veículos Intercontinental S/A, da Duplicata nº 2.000/02, com 10% de desconto. O valor da Duplicata é de $ 3.000 e foi paga por meio do nosso cheque nº 731.408, emitido contra o Banco Cardoso S/A.

Em 31/12/X1

41. Nossas Notas Fiscais nºs 051 a 080, referentes a serviços prestados no mês, à vista, no valor de $ 9.100.
42. Pagamento efetuado no Banco Brasileiro S/A de consumo de energia elétrica, referente ao mês de dezembro, conforme NF nº 1.103.371, no valor de $ 90.
43. O Banco Cardoso S/A nos comunicou, mediante aviso bancário, que debitou de nossa Conta-Corrente a importância de $ 4, referente à emissão de talões de cheques.
44. Pagamento efetuado no Banco Brasileiro S/A, referente a consumo de água e utilização de esgoto do mês de dezembro do ano corrente, no valor de $ 70. Pagamento efetuado em dinheiro.
45. Depósito efetuado no Banco Cardoso S/A, conforme recibo desta data, no valor de $ 9.000.

7.3 Livros para Escrituração

notas

- Com o advento do computador, a Escrituração contábil realizada por processo manual ou mecanizado praticamente caiu em desuso, embora ainda possa ser utilizada. Entretanto, para fins didáticos, a Escrituração processada manualmente continua sendo eficaz. Assim, nesta Prática de Escrituração, mantivemos os modelos tradicionais de livros de Escrituração.

- Lembramos que o computador é um instrumento de que o contabilista dispõe para processar não somente a Escrituração de livros contábeis e fiscais, como também outros trabalhos relacionados à sua profissão. Portanto, esta Prática de Monografia, apesar de feita em processo manual e baseada em modelos tradicionais, poderá ser processada por qualquer programa de contabilidade aplicável no computador.

7.3.1 Roteiro

Para facilitar seu trabalho, proceda da seguinte maneira:

1. No Livro Diário, registre os 45 Fatos propostos.
2. Em seguida, transcreva-os no Livro Razão e, quando couber, no Caixa e no Contas-Correntes.
3. Depois do registro desses 45 Fatos, apure o saldo de cada conta no Livro Razão.
4. Levante um Balancete de Verificação do Razão.
5. Apure o Resultado do Exercício efetuando os registros no Diário e no Razão.
6. Transcreva o Balanço Patrimonial no Diário.

7.3.2 Livro Diário

A Escrituração do Livro Diário você já aprendeu no Capítulo 5. Para simples conferência, apresentaremos, a seguir, os seis primeiros Fatos devidamente escriturados. Examine-os.

Para maior clareza dos registros no Livro Diário, próprio para a escrituração manual que estamos adotando. Observe:

- A primeira linha de cada folha deve conter o nome da cidade e a data.
- Quando a Escrituração chegar às últimas linhas da página, esta deverá conter:
    a) a palavra "continua", se o lançamento continuar na outra página;
    b) o termo "a transportar" e o respectivo valor ou os respectivos valores para transporte, quando no lançamento for utilizada mais de uma coluna de valores, sendo que um ou mais valores já tenham sido lançados, e um ou mais valores ainda precisem ser lançados na página seguinte.
    c) Nesse caso, na página seguinte, após colocado o nome da cidade e a data, a segunda linha deverá conter o termo "de transporte" e o respectivo valor ou os respectivos valores transportados da página anterior;
    d) traços horizontais para anular as linhas finais;
    e) traços de encerramento do lançamento;
    f) a última linha escrita pelo Histórico e valor, se coincidir.

		São Paulo, 01 de outubro de X1	
1.1.01	01	Caixa	
2.3.01	09	a Capital	
		Pela constituição de empresa de Natália Gusmão, com capital realizado nesta data.	10.000
1.1.02	02	Bancos conta Movimento	
		Banco Cardoso S/A	
1.1.01	01	a Caixa	
		Abertura da conta nº 417.74.70881-6, com depósito em dinheiro, conf. rec. nº 1.348.	10.000

1.1.01	01	Caixa		
1.1.02	02	a Bancos conta Movimento		
		Banco Cardoso S/A		
	④	N/ retirada conf. ch/ nº 731.401.		5.000
1.3.07	07	Gastos de Organização		
1.1.01	01	a Caixa		
	⑤	Conf. Relação		500
		05		
1.2.06	05	Móveis e Utensílios		
2.1.02	08	a Duplicatas a Pagar		
		Casa de Móveis Ribeiro Ltda.		
		Na compra de duas escrivaninhas, uma mesa p/ computador, duas mesas comuns, oito cadeiras e dois armários de aço, conf. NF nº 0721/01, com aceite das Dupl. nºs 0721/1 a 0721/6, no valor de $ 1.000 cada, vencíveis de 30 em		
	⑥	30 dias.		6.000
		08		
1.2.03	04	Computadores		
2.1.02	08	a Duplicatas a Pagar		
		Importadora Korean		
		Compra de um microcomputador conf. NF nº 1.951, com aceite de 6 Dupl. nºs 1.951/01 a 1.951/06, nº valor de $ 500 cada, vencíveis de 30 em 30 dias.		3.000

7.3.3 Livro Razão

Veja um modelo do Livro Razão tradicional e como escriturá-lo:

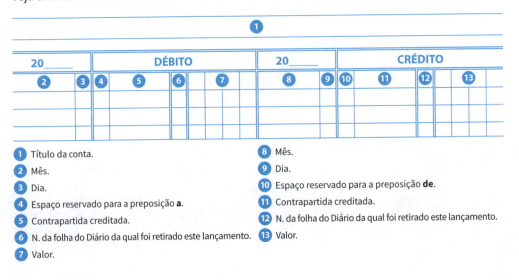

① Título da conta.
② Mês.
③ Dia.
④ Espaço reservado para a preposição **a**.
⑤ Contrapartida creditada.
⑥ N. da folha do Diário da qual foi retirado este lançamento.
⑦ Valor.
⑧ Mês.
⑨ Dia.
⑩ Espaço reservado para a preposição **de**.
⑪ Contrapartida creditada.
⑫ N. da folha do Diário da qual foi retirado este lançamento.
⑬ Valor.

O **Razão** é o Livro mais importante para a Contabilidade, porque permite o controle do movimento de cada conta, separadamente. O primeiro passo para escriturar esse Livro é abrir uma página para cada conta utilizada na Escrituração do Livro Diário.

Portanto, antes de iniciar a Escrituração do Razão, você deverá examinar o Diário e, baseando-se no Elenco de Contas do Capítulo 3, marcar todas as contas utilizadas. Feito isso, deverá reservar no Razão uma página para cada conta, seguindo a ordem em que elas estão dispostas no Elenco de Contas.

Para escriturar o Razão, partimos do Diário. Pegamos, em cada lançamento, as contas envolvidas e lançamos no débito ou no crédito, conforme essas contas estejam debitadas ou creditadas no Diário.

Exemplo:
Observe que o lançamento nº 1 do Diário é o seguinte:

1) 1.1.01 Caixa
   2.3.01 a Capital
   Pela constituição... etc. 10.000

Veja que a conta Caixa está debitada; logo, devemos procurar, no Livro Razão, a página que foi reservada para essa conta e lançar o referido valor do lado do débito.

Veja como ficará esse registro no Razão:

1.1.01 Caixa

20X1		DÉBITO			20X1		CRÉDITO		
OUT	01	a Capital	01	10.000					

Observe que o lançamento no Razão é feito em uma linha, na qual o registramos na seguinte ordem:

1. mês (outubro – OUT);
2. dia (primeiro – 01);
3. nome da conta contrapartida da conta Caixa no Diário (**a** Capital);
4. número da página do Diário da qual foi extraído o respectivo lançamento (1); e
5. o valor ($ 10.000).

Perceba, também, que a conta Capital, lançada na coluna do Histórico, é precedida da preposição **a**, pois, neste caso, dizemos que a conta Caixa deve à conta Capital.

Uma vez efetuado o lançamento no Razão, devemos retornar ao Livro Diário e anotar, em coluna e linha próprias, o número da página do Razão na qual efetuamos o referido registro.

O mesmo procedimento faremos com a conta Capital. Veja que no lançamento nº 1 do Diário a conta Capital está no crédito. Vamos, então, ao Razão, procuramos a página destinada a essa conta e a lançamos do lado do crédito.

2.3.01 Capital

20X1	DÉBITO	20X1			CRÉDITO		
		OUT	01	de Caixa	01	10.000	

Observe que lançamos a conta Caixa na coluna do Histórico, pois ela é contrapartida da conta Capital lançada no Diário. Neste caso, a conta Caixa é precedida da preposição **de**, revelando-nos que a conta Capital tem um crédito de Caixa.

Agora, com base nas explicações apresentadas, efetue os demais registros em seu Livro Razão.

7.3.4 Livro Caixa

No Livro **Caixa** são controladas as entradas e saídas de dinheiro. O **Caixa** deve ser escriturado diariamente.

Em substituição a esse livro, pode-se optar pelo controle do Caixa por meio da ficha **Movimento de Caixa**. Veja o modelo:

MOVIMENTO DE CAIXA

___ DE _____ ❶ _____ DE 20___ N. ___❷___

DOC. N.	HISTÓRICO	ENTRADA	SAÍDA
❸	❹	❺	❻
	A TRANSPORTAR – TOTAIS DO DIA $	❼	❽
DETALHES DO SALDO	SALDO ANTERIOR $	❾	❿
DINHEIRO ⓭	SALDO ATUAL $		
CHEQUES		⓫	⓬
VALES			
	FIRMA: _____ ⓮ _____		
TOTAL	CAIXA: ___ ⓯ ___ VISTO: ___ ⓰ ___		

Veja como deve ser preenchido esse modelo de Movimento do Caixa:

1. Dia, mês e ano a que se refere o Movimento do Caixa.
2. Número sequencial do Movimento.
3. Os documentos relacionados nessa ficha de controle devem ser numerados em ordem sequencial, e seus números, anotados na respectiva coluna.
   Neste campo deve-se especificar, com clareza, o pagamento ou recebimento feito, com indicação do número e da espécie do documento comprobatório, do nome da pessoa com quem se transaciona, bem como a coisa transacionada, podendo, inclusive, ser anotado o nome da conta contrapartida de Caixa que originará o lançamento no Diário. Quando a empresa organiza os documentos que comprovam as entradas e saídas diárias de Caixa, numerando-os sequencialmente, as anotações nesse campo poderão ser bem resumidas.
4. Coluna destinada ao registro dos valores das entradas de dinheiro no Caixa.
5. Coluna destinada ao registro dos valores das saídas de dinheiro no Caixa.
6. Total das entradas do dia.
7. Total das saídas do dia.
8. Campo reservado ao valor do saldo inicial, ou seja, ao saldo de Caixa do dia anterior.
9. Campo reservado ao valor do saldo atual, obtido pela seguinte operação: saldo inicial 9 + total das entradas 7 – total das saídas 8.
10. Total obtido pela soma dos números 7 e 9.
11. Total obtido pela soma dos números 8 e 10.
12. Nesse quadro devem ser especificados os valores que compõem o saldo de Caixa do dia. Observe que o saldo de Caixa pode ser composto de dinheiro (moedas, cédulas), cheques recebidos de clientes, vales etc.
13. Assinatura do proprietário da empresa ou seu responsável legal.
14. Assinatura do responsável pelo Caixa.
15. Visto do supervisor ou de superior que proceda à conferência dos dados contidos no respectivo Movimento do Caixa.

Para exemplificar, apresentamos, a seguir, uma folha de Movimento do Caixa contendo os lançamentos referentes ao mês de outubro (Fatos 1 a 18).

MOVIMENTO DE CAIXA

__31__ de __outubro__ de 20X1   N. ____

DOC. N.	HISTÓRICO	ENTRADA	SAÍDA
01	Rec. do titular ref. realização de Capital	10.000	
02	N/ depósito conf. rec. nº 1.340		10.000
03	Saque cheque nº 731.401	5.000	
04	Conf. relação		500
05	Conf. relação		800
06	NF nº 9.000 do Supermercado Fran		15
07	NF nº 342 da Papelaria Cult		40

08	N/ NF ref. serviços prestados	2.000	
09	NF nºs 401 e 402 de Marcelo Setti S/A		4.000
10	Rec. nº 380 de Lucas Bruno		450
11	N/ NF nºs 002 a 019 ref. serviços prestados	8.000	
12	NF ref. energia elétrica		60
13	N/ depósito conf. rec.		6.000
	A TRANSPORTAR – TOTAIS DO DIA $	25.000	21.865
	SALDO ANTERIOR $		
	SALDO ATUAL $		3.135
		25.000	25.000

DETALHES DO SALDO	
DINHEIRO	3.135
CHEQUES	
VALES	
TOTAL	3.135

FIRMA: _____

CAIXA: _____ VISTO: _____

Agora, proceda da mesma maneira em relação aos lançamentos dos meses de novembro e dezembro (Fatos 19 a 45).

> **Observação**
>
> ▶ Embora o Movimento de Caixa deva ser efetuado diariamente, o que requer a utilização de uma ou mais folhas para cada dia, por razões práticas, no exemplo apresentado optamos por lançar as operações em partidas mensais.

7.3.5 Livro Contas-Correntes

O Livro **Contas-Correntes** é utilizado para controlar os Direitos e as Obrigações da empresa. Permite o controle individualizado de cada cliente e de cada fornecedor.

Para escriturá-lo, partimos também do Livro Diário e, toda vez que registrarmos no Diário um Fato que envolva uma **conta pessoal** (representativa de Direito ou de Obrigação), devemos escriturar o referido Fato também no livro Contas-Correntes.

Veja como escriturá-lo:

❶						
20____		HISTÓRICO	DÉBITO	CRÉDITO	D/C	SALDO
❷	❸	❹	❺	❻	❼	❽

❶ Nome da conta e do correntista.
❷ Mês.
❸ Dia.
❹ Histórico.
❺ Valor do débito.
❻ Valor do crédito.
❼ **D** (se for saldo devedor) ou **C** (se for credor).
❽ Saldo.

Tomando como exemplo as informações da Prática de Monografia (Seção 7.2), escrituramos a folha correspondente ao movimento da conta Bancos conta Movimento. Observe os lançamentos e, depois, proceda da mesma forma com as seguintes contas: 1.1.04 Duplicatas a Receber (Daniel Leite); 1.1.04 Duplicatas a Receber (Raul Junior); 2.1.02 Duplicatas a Pagar (Casa de Móveis Ribeiro Ltda.); 2.1.02 Duplicatas a Pagar (Importadora Korean); e 2.1.02 Duplicatas a Pagar (Distribuidora de Veículos Intercontinental Ltda.).

1.1.02 Bancos conta Movimento Banco Cardoso S/A						
20X1		HISTÓRICO	DÉBITO	CRÉDITO	D/C	SALDO
OUT.	01	Abertura de Conta c/ Depósito	10.000		D	10.000
		Ch. nº 731.401, saque		5.000	C	5.000
	10	Ch. nº 731.402, pagamento aluguel		2.000	C	3.000
	20	Conf. aviso de débito		8	C	2.992
	29	N/ depósito, conf. Rec.	6.000		D	8.992
NOV.	05	Dep. Conf. Rec. nº 501	5.000		D	13.992
	10	Ch. nº 731.403, pg. Dupl. nº 0721/01		1.100	C	12.892
	28	Ch. nº 731.404, pg. Dupl. nº 1.999/01		3.000	C	9.892
	30	Ch. nº 731.405, pg. NF nº 1.743		1.300	C	8.592
		Depósito conf. Rec.	3.000		D	11.592
DEZ.	08	Ch. nº 731.406, pg. Dupl. nº 1.951/02		500	C	11.092
	10	Ch. nº 731.407, pg. Aluguel		2.000	C	9.092
	23	Ch. nº 731.408, pg. Dupl. nº 1.999/02		2.700	C	6.392
	31	Conf. aviso		4	C	6.388
		N/ depósito, conf. Rec.	9.000		D	15.388

7.4 Partidas Simples × Partidas Dobradas

Na Seção 5.3, fizemos breves comentários acerca de dois Métodos de Escrituração: o das Partidas Simples e o das Partidas Dobradas. Agora que você conhece bem o Método das Partidas Dobradas e já sabe escriturar os Livros Diário, Razão, Caixa e Contas-Correntes, o momento é propício para sedimentar bem a diferença entre esses dois métodos.

Entre os Livros de Escrituração que você estudou, o Diário e o Razão são escriturados pelo Método das Partidas Dobradas: no Diário, os registros são efetuados por meio de lançamentos que, com seus cinco elementos essenciais, caracteriza o princípio fundamental do Método das Partidas Dobradas; no Razão, o controle individualizado de cada conta, cuja origem está registrada no Diário, faz que o mesmo valor lançado a débito de uma ou mais contas seja lançado a crédito de uma ou mais contas, conforme estejam debitadas e/ou creditadas no Diário. A grande prova de que os registros no Razão são feitos pelo Método das Partidas Dobradas encontra-se no Balancete de Verificação, no qual a soma dos saldos devedores é igual à soma dos saldos credores.

Quanto aos Livros Caixa e Contas-Correntes, podemos afirmar que são escriturados com base no Método das Partidas Simples, pois neles só interessa o controle de apenas um elemento. No livro ou no movimento do Caixa, interessa saber o quanto entrou, saiu e restou em dinheiro em determinado dia ou período, não importando controlar o que foi adquirido, pago, recebido ou mesmo os elementos que originaram as importâncias recebidas; no livro Contas-Correntes, interessa controlar apenas os Direitos ou as Obrigações da empresa, independentemente das contrapartidas, sejam elas em decorrência de compras, vendas, empréstimos etc.

7.5 A Contabilidade informatizada

Com o avanço da informática, que revolucionou todos os setores da atividade humana a partir do fim do século XX, o trabalho do contabilista passou a ser feito com mais rapidez, precisão, segurança e credibilidade.

A informatização dos registros contábeis possibilitou o acesso quase que imediato às informações de que tanto necessitam os usuários da Contabilidade, tornando desnecessárias tarefas repetitivas, realizadas nos sistemas manual ou mecanizado, os quais praticamente caíram em desuso.

Atualmente, as informações extraídas dos documentos comprobatórios da ocorrência dos Fatos Administrativos são processadas por meio de programas de Contabilidade instalados no computador da empresa. Esses programas – também conhecidos por softwares – fornecem informações em forma de relatórios, demonstrações, notas explicativas, as quais podem vir acompanhadas por uma infinidade de gráficos, mapas, quadros ou outros documentos (sintéticos ou analíticos). O acesso rápido a tais informações atende tanto às necessidades dos administradores e proprietários da empresa quanto às dos demais usuários.

Há vários tipos de programas de contabilidade, os quais, a partir de registros contábeis, fornecem um grande número de informações.

Antes de ingressar no processo informatizado, recomendamos-lhe que estude bem as noções básicas de Contabilidade e pratique a Escrituração manual. Você precisa estar bem familiarizado com o mecanismo do débito e do crédito e devidamente capacitado a apurar o

Resultado do Exercício e a fazer o levantamento do Balanço Patrimonial – ainda que simplificado – antes de partir para o registro de dados no computador.

Como você já sabe, um dos primeiros passos para implantar a Contabilidade, seja qual for o processo de registro utilizado, é a elaboração de um Plano de Contas que contenha, pelo menos, um Elenco de Contas devidamente codificado, o que facilita a digitação; um Manual de Contas; e Modelos Padronizados de Demonstrações Contábeis. A chave para que o processamento eletrônico seja bem-sucedido está na classificação adequada dos documentos mediante os quais serão fornecidas as informações ao programa instalado no computador. Ciente disso, o contabilista deverá, primeiro, classificar toda a documentação comprobatória dos Fatos Administrativos responsáveis pela movimentação do Patrimônio da empresa, para, em um segundo momento, iniciar a inserção de dados no referido programa.

A classificação de documentos é uma prévia do lançamento. O contabilista a utiliza para identificar, por códigos, as contas que serão debitadas e/ou creditadas, o valor do débito e do crédito de cada conta e o Histórico.

O uso de Históricos padronizados contribui para a agilização do processo. No computador, parte do Histórico já estará pronta, cabendo ao contabilista completar as informações já processadas, como: o número do documento, o nome da pessoa com quem se transaciona, enfim, todos os dados necessários à clareza do registro contábil.

Para facilitar a digitação dos dados, a classificação dos documentos poderá ser feita em planilhas ou nos próprios documentos, mediante a aposição de carimbo.

Portanto, a adoção de carimbo deve ocorrer quando a digitação for efetuada a partir dos documentos originais. O carimbo poderá conter os seguintes dados: código contábil da conta a ser debitada e da conta a ser creditada; número do Histórico – quando houver Históricos padronizados; o valor ($); a data do lançamento; e a rubrica do contabilista responsável pela classificação.

Quando a empresa preferir efetuar lançamentos também pelas 2ª, 3ª e 4ª fórmulas, no carimbo deverá haver espaço suficiente para a anotação dos códigos de todas as contas envolvidas. As planilhas nada mais são do que mapas nos quais o contabilista, para facilitar a digitação, lança, inicialmente, os Fatos Administrativos. Há empresas que adotam as duas tarefas: primeiro, rascunham os lançamentos nos próprios documentos, mediante a aposição do carimbo apropriado, e, em seguida, elaboram as planilhas pelas quais os dados serão lançados no programa de Contabilidade.

7.6 A monografia no computador

Para solucionar a Prática de Monografia (Seção 7.2) por meio de processamento eletrônico de dados, você precisará receber algumas orientações de seu professor ou do fabricante do programa de Contabilidade instalado em seu computador.

Temos, contudo, três sugestões a lhe fazer:

1. **Classificação dos documentos:** como você não tem em mãos os documentos comprobatórios dos Fatos Administrativos, pois partirá dos 45 Fatos apresentados na Seção 7.2, sugerimos, inicialmente, a utilização de folhas de Diário tradicional, como Planilhas, nas quais deverão ser escriturados os Fatos propostos.

2. **Código das contas:** após escriturar os 45 Fatos a partir da codificação apresentada no Capítulo 3, substitua os códigos utilizados nas folhas de Diário pelos códigos fornecidos por seu programa de computador. As intitulações que adotamos neste livro são comuns a todos os Elencos de Contas, sendo as diferenças facilmente adaptáveis.
3. **Digitação:** digite os lançamentos no computador a partir de seu Diário manuscrito.

Você observará que, terminada a digitação dos lançamentos em Partidas de Diário, as demais tarefas – a Escrituração do Caixa, do Razão, do Contas-Correntes, a Apuração do Resultado e a elaboração do Balanço Patrimonial – serão feitas automaticamente pelo programa.

CAPÍTULO 8

RAZONETE E BALANCETE

8.1 Razonete

Também denominado **Gráfico em T** ou **conta em T**, o Razonete nada mais é que uma versão simplificada do Livro Razão.

O Livro Razão, cujo modelo foi apresentado no Capítulo 7, do ponto de vista contábil, é o mais importante dos livros utilizados pela Contabilidade. Por meio dele é possível controlar separadamente o movimento de todas as contas.

O controle individualizado das contas é importante para conhecer seus saldos, possibilitando a apuração de resultados e a elaboração de Demonstrações Contábeis como o Balancete de Verificação do Razão, o Balanço Patrimonial e outras.

Para facilitar a aprendizagem do processo contábil, didaticamente, substituiremos o Livro Razão por Razonetes.

Algumas das vantagens do Razonete são a simplicidade e a facilidade de visualização do movimento de débito e de crédito nele lançados.

Veja um modelo de Razonete:

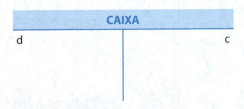

Este é o Razonete da conta Caixa. No lado esquerdo, lado do débito, lançaremos todas as importâncias que representarem entradas de Caixa; no lado direito, lado do crédito, lançaremos todas as importâncias que representarem saídas de Caixa.

Assim, conforme já dissemos, para controlar o movimento das contas, em substituição ao Livro Razão, didaticamente podemos utilizar gráficos em "T", em número igual ao de contas existentes na escrituração do Livro Diário. Este mesmo gráfico em "T" já foi utilizado para representar o Balanço Patrimonial, lembra-se? Agora, ele será utilizado para controlar o movimento individualizado das contas.

Veja, no Exemplo Prático a seguir, como se deve proceder para lançar valores nos Razonetes.

> ### EXEMPLO PRÁTICO
>
> Escriturar, no Diário e em Razonetes, os seguintes eventos:
>
> 1) Investimento inicial em dinheiro no valor de $ 50.000.
> 2) Compra de um automóvel, à vista, por $ 30.000.
> 3) Depósito efetuado no Banco Cardoso S/A, na conta-corrente da empresa, no valor de $ 20.000.
> 4) Saque efetuado por meio do cheque nº 1, de nossa emissão, contra o Banco Cardoso S/A, no valor de $ 5.000, para reforço de Caixa.

Veja, inicialmente, como esses fatos serão lançados em partidas de Diário:

DIÁRIO

(1) Caixa
    a Capital
        Investimento inicial.   50.000
    _____   _____

(2) Veículos
    a Caixa
        Compra de um automóvel.   30.000
    _____   _____

(3) Bancos conta Movimento
    Banco Cardoso S/A
    a Caixa
        N/ depósito.   20.000
    _____   _____

(4) Caixa
    a Bancos conta Movimento
    a Banco Cardoso S/A
        Saque por meio do n/ ch. nº 1.   5.000
    _____   _____

RAZONETES

Veja, agora, como efetuar lançamentos nos Razonetes:

Orientações gerais:

- Devemos utilizar tantos Razonetes quantas forem as contas utilizadas na escrituração do Diário, entretanto, cada conta terá um só Razonete.
- Lançaremos os valores no débito ou no crédito do Razonete de cada uma das contas, conforme elas estejam debitadas ou creditadas no Diário.
- Para evitar enganos, os registros nos Razonetes devem obedecer rigorosamente à ordem em que as contas se encontram escrituradas no Livro Diário.

Acompanhe, agora, as orientações para registro dos valores referentes ao exemplo em questão.
Iniciaremos os registros, obviamente, pelo lançamento 1 do Diário.

Observe que, no citado lançamento 1 do Diário, consta em primeiro lugar, no débito, a conta Caixa. Assim, o primeiro registro que faremos será o débito de $ 50.000, no Razonete da conta Caixa. Veja:

CAIXA
(1)　　　　　50.000

Para facilitar a identificação da origem dos valores lançados nos Razonetes, colocamos à esquerda de cada valor, entre parênteses, o número do lançamento de Diário de onde foi extraído o respectivo valor. Por esse motivo, colocamos o algarismo 1 à esquerda dos $ 50.000 lançados no débito de Caixa.

Agora que já lançamos $ 50.000 no débito da conta Caixa, o próximo passo será lançar o mesmo valor no Razonete da conta Capital, que é a contrapartida da conta Caixa no lançamento 1. Observe que, no Diário, a conta Capital está creditada pois está precedida da preposição **a**.

Veja como ficará o lançamento no Razonete da respectiva conta:

CAPITAL
(1)　　　　　50.000

É fácil, não é mesmo?

Como temos duas contas no lançamento 1, lançamos o valor de $ 50.000 duas vezes nos Razonetes, ou seja, uma vez no débito do Razonete da conta Caixa e uma vez no crédito do Razonete da conta Capital.

Em seguida, passaremos para o lançamento 2 do Diário, acompanhe:

Observe que, no lançamento 2 do Diário, consta no débito a conta Veículos. Assim, lançaremos no Razonete da conta Veículos, no lado do débito, a importância de $ 30.000. Veja:

VEÍCULOS
(2)　　　　　30.000

Noções de Contabilidade

Como a contrapartida da conta Veículos no lançamento 2 é a conta Caixa, a qual está creditada no Diário, lançaremos, também, no Razonete da conta Caixa, no lado do crédito, a importância de $ 30.000. Veja:

CAIXA	
(1) 50.000	(2) 30.000

Observe que, no Razonete da conta Caixa, já havia um débito de $ 50.000 referente ao lançamento 1. Dissemos que se deve abrir um Razonete para cada conta utilizada pela Contabilidade, mas não se esqueça de que para cada conta pode haver somente um Razonete, no qual serão lançados todos os débitos e créditos da respectiva conta, constantes no Livro Diário.

Portanto, é assim que procedemos para transcrever os valores do Diário para os Razonetes: primeiro, lançamos o valor da conta devedora e, depois, o valor da conta credora. Seguindo essa ordem, não há risco de engano.

Vamos continuar os registros: no lançamento 3 do Diário, a conta Bancos conta Movimento está debitada por $ 20.000. Veja como ficará esse registro:

BANCO CONTA MOVIMENTO	
(3) 20.000	

Como a contrapartida da conta Bancos conta Movimento, neste mesmo lançamento 3 no Diário, é a conta Caixa, a qual foi creditada por $ 20.000. Veja como ficará seu Razonete:

CAIXA	
(1) 50.000	(2) 30.000
	(3) 20.000

Vamos, finalmente, transcrever para os Razonetes o lançamento 4.

Nesse lançamento, a conta debitada é a conta Caixa por $ 5.000. Veja:

CAIXA			
(1)	50.000	(2)	30.000
(4)	5.000	(3)	20.000

Como a contrapartida da conta Caixa, neste lançamento 4 no Diário, é a conta Bancos conta Movimento, faremos:

BANCOS CONTA MOVIMENTO			
(3)	20.000	(4)	5.000

Lembre-se, mais uma vez, de que, no lançamento de Diário, uma conta é contrapartida da outra. Assim, no lançamento 1 de nosso exemplo, a conta Caixa é contrapartida da conta Capital, e vice-versa.

Pronto, já explicamos como se transferem valores do Diário para os Razonetes, e temos certeza de que você entendeu. É fácil, não é mesmo? Pois é assim que você deverá proceder todas as vezes que precisar transcrever valores do Diário para os Razonetes.

Mas lembre-se: como os Razonetes didaticamente substituem o Livro Razão, você precisa destinar uma folha ou várias para que todos os Razonetes utilizados em uma Atividade Prática fiquem juntos. (Veja solução da Prática 1 deste capítulo.)

Depois que todos os lançamentos do Diário estiverem devidamente transcritos nos Razonetes, o próximo passo será apurar o saldo de cada conta em seus respectivos Razonetes.

O que é saldo da conta? Saldo da conta é a diferença entre a soma dos valores lançados a débito e a soma dos valores lançados a crédito da referida conta.

Para apurar o saldo de cada conta, procedemos da seguinte maneira:

a) inicialmente, somamos os valores lançados no lado do débito;
b) em seguida, somamos os valores lançados do lado do crédito.

Veja o Razonete da conta Caixa, com as somas do lado do débito e do lado do crédito:

CAIXA			
(1)	50.000	(2)	30.000
(4)	5.000	(3)	20.000
Soma	55.000	Soma	50.000

c) Agora, basta apurar o saldo da conta, ou seja, subtrair o débito do crédito ou vice-versa.

- Débito   55.000
- (menos) Crédito   50.000
- (igual) Saldo   5.000

Uma vez apurado o saldo da conta, o próximo passo será colocar um traço horizontal logo abaixo das somas, de lado a lado, com o qual limpamos o Razonete, passando a valer somente os valores lançados a partir do respectivo traço; em seguida, lançamos o saldo no débito ou no crédito, conforme o caso.

Veja como ficará o Razonete da conta Caixa:

CAIXA			
(1)	50.000	(2)	30.000
(4)	5.000	(3)	20.000
Soma	55.000	Soma	50.000
Saldo	5.000		

Observe, mais uma vez, que em nosso exemplo o lado do débito apresentou soma de $ 55.000, maior que a soma do lado do crédito, que foi $ 50.000. Esse saldo de $ 5.000 encontrado é devedor, pois o lado do débito foi superior ao lado do crédito em $ 5.000. Por esse motivo, lançamos o saldo do lado do débito.

Olhando para o Razonete da conta Caixa, concluímos que, após o movimento de débito e de crédito do período, restaram no Caixa $ 5.000.

O saldo de uma conta, portanto, poderá ser devedor ou credor. Será devedor quando a soma dos valores lançados a débito for superior à soma dos valores lançados a crédito e será credor quando a soma dos valores lançados a crédito for maior que a soma dos valores lançados a débito.

Veja, finalmente, como ficarão todos os Razonetes do exemplo em questão, com seus saldos devidamente apurados:

CAIXA			
(1)	50.000	(2)	30.000
(4)	5.000	(3)	20.000
Soma	55.000	Soma	50.000
Saldo	5.000		

CAPITAL	
	(1) 50.000

VEÍCULOS	
(2)	30.000

BANCOS CONTA MOVIMENTO			
(3)	20.000	(4)	5.000
Soma	15.000		

Capítulo 8 • Razonete e balancete

8.2 Balancete

Balancete é uma relação de contas extraídas do Livro Razão (ou de Razonetes), com seus saldos devedores ou credores. Os Balancetes podem diferir uns dos outros em relação ao número de colunas destinadas ao lançamento dos valores. Uns poderão conter apenas duas colunas, sendo uma destinada ao saldo devedor, e outra, ao saldo credor; outros poderão conter colunas destinadas aos saldos anteriores, ao movimento do período, aos saldos do período e atuais etc.

Veja um modelo de Balancete com duas colunas, sendo uma destinada ao saldo devedor, e a outra, ao saldo credor de cada conta.

Nº	CONTAS	SALDO	
		DEVEDOR	CREDOR
	TOTAIS		

BALANCETE DE VERIFICAÇÃO

A elaboração do Balancete é muito fácil. Cada conta será transferida do Razonete para o Balancete, com seu respectivo saldo. Assim, se a conta no Razonete apontar saldo devedor, esse saldo será transportado para a coluna do saldo devedor do Balancete; em contrapartida, se a conta apresentar no Razonete saldo credor, esse saldo será transportado para a coluna do saldo credor do Balancete.

Veja, então, como ficará o Balancete de Verificação elaborado com base nas contas extraídas dos Razonetes do Exemplo Prático apresentado na Seção 8.1:

BALANCETE DE VERIFICAÇÃO

Nº	CONTAS	SALDO	
		DEVEDOR	CREDOR
1	Caixa	5.000	
2	Capital		50.000
3	Veículos	30.000	
4	Bancos conta Movimento	15.000	
	Totais	50.000	50.000

Note que, no Balancete, fizemos constar todas as contas que figuraram nos Razonetes, com seus respectivos saldos. A soma da coluna do Saldo Devedor tem de ser igual à soma da coluna do Saldo Credor, isto porque os fatos administrativos são registrados no Livro Diário pelo Método das Partidas Dobradas, cujo princípio fundamental estabelece que, na escrituração, a cada débito deve corresponder um crédito de igual valor. Assim, ao relacionar no Balancete todas as contas utilizadas pela Contabilidade de uma empresa, com seus respectivos saldos devedores e credores, a soma da coluna do débito terá de ser igual à soma da coluna do crédito.

Atividades Teóricas

1. **Escolha a alternativa correta em cada questão:**

   1.1 A versão simplificada do Livro Razão denomina-se:
   a) Balancete.
   b) Razonete.
   c) Diário.
   d) Balanço.
   e) Nenhuma das alternativas anteriores.

   1.2 No Balancete, a soma dos saldos devedores será igual:
   a) ao movimento do Caixa.
   b) à soma do Ativo.
   c) à soma dos saldos credores.
   d) à soma do movimento devedor.
   e) Nenhuma das alternativas anteriores.

   1.3 A relação de contas extraída do Livro Razão, com seus saldos devedores e credores, denomina-se:
   a) Razão.
   b) Balancete.
   c) Balanço.
   d) Razonete.
   e) Nenhuma das alternativas anteriores.

   1.4 Quantos gráficos em "T" deveremos utilizar para controlar o movimento das contas?
   a) Tantos quantas forem as contas devedoras.
   b) Tantos quantas forem as contas de Receitas.
   c) Tantos quantas forem as contas existentes na escrituração do Diário.
   d) Tantos quantas forem as contas do Ativo.
   e) Nenhuma das alternativas anteriores.

   1.5 Os Razonetes, didaticamente, são utilizados em substituição ao:
   a) Livro Caixa.
   b) Livro Razão.
   c) Livro Texto.
   d) Livro Diário.
   e) Livro Balancete.

1.6 Assinale a ordem correta dos acontecimentos:
   a) Diário, Balancete e Razonete.
   b) Diário, Razonete e Balancete.
   c) Diário, Balancete e Balanço.
   d) Razonete, Diário e Balancete.
   e) Nenhuma das alternativas anteriores.

1.7 Saldo da conta é:
   a) a diferença entre a soma dos débitos e a soma dos créditos nela lançados.
   b) a diferença entre o Ativo e o Passivo.
   c) a soma do lado esquerdo diminuído do débito de cada conta.
   d) a diferença entre o movimento credor e o saldo positivo.
   e) Nenhuma das alternativas anteriores.

Atividades Práticas

Nas três Práticas a seguir, escriture os Fatos em partidas de Diário e em Razonetes e levante o Balancete de Verificação, utilizando o modelo com oito colunas.

nota
- Até aqui, para registrar os Fatos envolvendo compras e vendas de mercadorias, você debitou ou creditou a conta Estoque de Mercadorias. Porém, para solucionar a Prática a seguir, utilize a conta Compras de Mercadorias e a conta Vendas de Mercadorias (Método da Conta Desdobrada). Assim, quando ocorrer compra de mercadorias, você debitará a conta Compras de Mercadorias (ou simplesmente Compras) e creditará uma das seguintes contas: Caixa, Bancos conta Movimento, Duplicatas a Pagar ou Fornecedores; quando ocorrer venda, você debitará uma das seguintes contas: Caixa, Duplicatas a Receber ou Clientes e creditará a conta Vendas de Mercadorias (ou simplesmente Vendas).

Prática 1 – solucionada
Fatos ocorridos na Comercial Luan

1. Nicholas Pardo inicia suas atividades para explorar o comércio de artefatos de couro em geral, com um Capital integralizado, em dinheiro, no valor de $ 60.000.
2. Efetuou depósito no Banco Cardoso S/A, em conta Movimento, conforme recibo desta data: $ 40.000.
3. Compra à vista, de vários móveis para uso da empresa, conforme Nota Fiscal nº 1.265, da Casa de Móveis Campinas, no valor de $ 7.000. O pagamento foi efetuado por meio do cheque nº 001, de nossa emissão, contra o Banco Cardoso S/A.

4. Compra de Mercadorias, conforme Nota Fiscal nº 0039, de Bernardino S/A, à vista, no valor de $ 3.000.
5. Venda de Mercadorias, no balcão, conforme Nota Fiscal de nossa emissão nº 01, à vista: $ 4.500.
6. Compra de Mercadorias, a prazo, de Papelzinho Ltda., conforme Nota Fiscal nº 33.331, no valor de $ 12.000. Houve aceite de seis Duplicatas, no valor de $ 2.000 cada, com vencimento de 30 em 30 dias. As Duplicatas estão numeradas de 1 a 6.
7. Venda de Mercadorias, à vista, conforme Notas Fiscais de nossa emissão, de número 02 a 50, no valor de $ 6.000.
8. Venda de Mercadorias, a prazo, ao sr. Guilherme Mattos, conforme nossa Nota Fiscal nº 051: $ 1.200. Houve aceite de quatro Duplicatas nºˢ 0518/01 a 0518/04, no valor de $ 300 cada, para vencimentos de 30 em 30 dias.
9. Nicholas Pardo aumenta, hoje, seu Capital, com os seguintes bens:
    a) uma casa situada nesta cidade, no valor venal de $ 200.000;
    b) um automóvel marca XPTO, no valor de $ 20.000;
    c) em dinheiro: $ 18.000.
10. Pagamento, em dinheiro, da Duplicata nº 01, no valor de $ 2.000, para o fornecedor Papelzinho Ltda., com 10% de juro.
11. Venda de Mercadorias, a prazo, a Anna Carolina, conforme nossa NF nº 090 e Duplicata nº 090/01, com vencimento para 30 dias, no valor de $ 3.000.
12. Recebimento, em dinheiro, da Duplicata nº 051/01, no valor de $ 300, do sr. Guilherme Mattos, com 10% de juros.
13. Pagamento de uma Duplicata nº 02, no valor de $ 2.000, para o fornecedor Papelzinho Ltda., por meio de nosso cheque nº 002, contra o Banco Cardoso S/A, com 5% de desconto.
14. Pagamento efetuado à Imobiliária Novo Lar Ltda., conforme recibo nº 01, referente ao aluguel do imóvel em que a empresa está instalada. O pagamento foi efetuado mediante o cheque nº 003, contra o Banco Cardoso S/A, no valor de $ 500.

Solução

DIÁRIO

(1) Caixa
    a Capital
        Pela constituição do capital da empresa
        de Nicholas Pardo.   60.000
    _____   _____

(2) Bancos conta Movimento
    Banco Cardoso S/A
    a Caixa
        Abertura de conta com depósito em
        dinheiro conf. rec.   40.000
    _____   _____

(3) Móveis e Utensílios
    a Bancos conta Movimento
    a Banco Cardoso S/A
        NF nº 1.265 da Casa de Móveis
        Campinas, conf. ch/nº 001.   7.000
    _____   _____

(4) Compras
    a Caixa
        NF nº 0039 de Bernardino S/A.   3.000
    _____   _____

(5) Caixa
    a Vendas
        N/ NF nº 01.   4.500
    _____   _____

(6) Compras
    a Duplicatas a Pagar
    a Papelzinho Ltda.
        NF nº 33.331, com aceite das Dupl.
        nº 1 a 6 no valor de $ 2.000 cada, vencíveis
        de 30 em 30 dias.   12.000
    _____   _____

(7) Caixa
    a Vendas
        N/ NF nº 02 a 50   6.000
    _____   _____

(8) Duplicatas a Receber
    Guilherme Mattos
    a Vendas
        N/ NF nº 051, com aceite das Dupl.
        nº 051/01 a 051/04 no valor de $ 300 cada,
        para venc. de 30 em 30 dias.   1.200
    _____   _____

(9) Diversos
    a Capital
        Aumento de Capital, como segue:
    Imóveis
        Uma casa   200.000

Noções de Contabilidade

Veículos
    Um automóvel marca XPTO.   20.000
Caixa
    Em dinheiro   18.000   238.000
    ──────────   ──────────

(10)   Diversos
    a Caixa
        Pagamento da Dupl. nº 01, como segue:
    Duplicatas a Pagar
        Papelzinho Ltda.
            Valor da Duplicata   2.000
    Juros Passivos
            10% sobre a Dupl. supra.   200   2.200
    ──────────   ──────────

(11)   Duplicatas a Receber
    Anna Carolina
    a Vendas
        N/ NF nº 090 com aceite da Dupl.
        nº 090/01 para 30 dias.   3.000
    ──────────   ──────────

(12)   Caixa
    a Diversos
        Recebido Dupl. nº 05/01, a saber:
    a Duplicatas a Receber
    a Guilherme Mattos
        Valor da Dup.   300
    a Juros Ativos
        10% sobre Dup. supra.   30   330
    ──────────   ──────────

(13)   Duplicatas a Pagar
    Papelzinho Ltda.
    a Diversos
        Pago Dup. nº 02, como segue:
    a Bancos conta Movimento
    a Banco Cardoso S/A
        N/ ch. nº 002   1.900
    a Descontos Obtidos
        5% sobre Dupl. supra.   100   2.000
    ──────────   ──────────

(14) Aluguéis Passivos
   a Bancos conta Movimento
   a Banco Cardoso S/A
      Pago a Imobiliária Novo Ltda. ref.
      aluguel conf. ch. nº 003.   500

_____   _____

RAZONETES

CAIXA			
(1)	60.000	(2)	40.000
(5)	4.500	(4)	3.000
(7)	6.000	(10)	2.200
(9)	18.000		
(12)	330		
Soma	88.830	Soma	45.200
Saldo	43.630		

CAPITAL		
	(1)	60.000
	(9)	238.000
	Soma	298.000

BANCOS CONTA MOVIMENTO			
(2)	40.000	(3)	7.000
		(13)	1.900
		(14)	500
		Soma	9.400
Saldo	30.600		

MÓVEIS E UTENSÍLIOS	
(3)	7.000

COMPRAS			
(4)	3.000	(3)	7.000
(6)	12.000	(13)	1.900
		(14)	500
Soma	15.000	Soma	9.400
Saldo	5.600		

Noções de Contabilidade

VENDAS	
(5)	4.500
(7)	6.000
(8)	1.200
(11)	3.000
Saldo	14.700

DUPLICATAS A PAGAR			
(10)	2.000	(6)	12.000
(13)	2.000		
Soma	4.000		
		Saldo	8.000

DUPLICATAS A RECEBER			
(8)	1.200	(12)	300
(11)	3.000		
Soma	4.200		
Saldo	3.900		

IMÓVEIS	
(9)	200.000

VEÍCULOS	
(9)	20.000

JUROS PASSIVOS	
(10)	200

JUROS ATIVOS	
(12)	300

DESCONTOS OBTIDOS	
(13)	100

	ALUGUÉIS PASSIVOS
(14)	500

BALANCETE DE VERIFICAÇÃO

Nº	CONTAS	SALDO DEVEDOR	SALDO CREDOR
1	Caixa	43.630	–
2	Capital	–	298.000
3	Bancos conta Movimento	30.600	–
4	Móveis e Utensílios	7.000	–
5	Compras	15.000	–
6	Vendas	–	14.700
7	Duplicatas a Pagar	–	8.000
8	Duplicatas a Receber	3.900	–
9	Imóveis	200.000	–
10	Veículos	20.000	–
11	Juros Passivos	200	–
12	Juros Ativos	–	30
13	Descontos Obtidos	–	100
14	Aluguéis Passivos	500	–
	TOTAIS	320.830	320.830

Prática 2

Fatos ocorridos na Lisboa Comercial:

1. Investimento inicial em dinheiro: $ 50.000.
2. Compra, a prazo, de um automóvel do sr. Élio Marques, conforme Notas Promissórias números 1 a 5, no valor de $ 6.000 cada, vencíveis de 30 em 30 dias.
3. Compra de mercadorias, à vista, conforme Nota Fiscal nº 931, de Good Ltda., no valor de $ 5.000.
4. Abertura de conta-corrente no Banco Brasileiro S/A com depósito inicial de $ 20.000, em dinheiro, conforme recibo.
5. Venda de Mercadorias, à vista, conforme nossa NF nº 001, $ 3.000.
6. Compra de mercadorias, à vista, conforme NF nº 892, de F.L. S/A., no valor de $ 2.000. O pagamento foi efetuado com nosso cheque nº 01, contra o Banco Brasileiro S/A.
7. Pagamento efetuado, em dinheiro, à senhora Carlota Cristina, referente ao aluguel do imóvel onde está instalada nossa empresa, no valor de $ 900, conforme recibo.

Prática 3

Fatos ocorridos na Comercial Dias:

1. Investimento inicial:
    a) em dinheiro: $ 10.000.
    b) um automóvel avaliado em $ 15.000.
    c) móveis avaliados em $ 5.000.
    Total: $ 30.000.
2. Pagamento de despesas com a organização da firma, em dinheiro, conforme relação: $ 1.000.
3. Compra de mercadorias, a prazo, de Jane Martins & Cia., conforme NF nº 4.456, no valor de $ 4.000. Houve aceite, no ato, de quatro Duplicatas, de números 01 a 04, de $ 1.000 cada, com vencimentos de 30 em 30 dias.
4. Venda de mercadorias, a prazo, a Olívia Bueno, conforme nossa NF nº 0001, no valor de $ 3.000. Houve aceite, no ato, de três Duplicatas, de números 01 a 03, no valor de $ 1.000 cada, com vencimento de 30 em 30 dias.
5. Pagamento, em dinheiro, de despesas com transporte de mercadorias: $ 500.
6. Pagamento da Duplicata nº 01, a Jane Martins & Cia., com 5% de desconto.
7. Recebimento da Duplicata nº 01, de Olívia Bueno, com 10% de juros.
8. Recebimento da Duplicata nº 02, de Olívia Bueno, com 10% de desconto.
9. Pagamento efetuado, em dinheiro, ao sr. Cristóvão Celestino, referente ao aluguel do imóvel em que está instalada a empresa, no valor de $ 1.000.

CAPÍTULO 9

APURAÇÃO SIMPLIFICADA DO RESULTADO

9.1 Definição

Nos capítulos anteriores, você aprendeu a registrar os fatos administrativos (ou fatos contábeis). Neste capítulo, você aprenderá os procedimentos necessários para apurar o Resultado do Exercício, mas de maneira simplificada, com poucos dados, para que possa dominar bem esta parte da matéria.

Por que **apuração simplificada**? Porque a Apuração do Resultado do Exercício das empresas em geral envolve uma série de procedimentos, que vão desde a elaboração do Balancete de Verificação do Razão, passando pela elaboração de inventários físicos de bens de uso e de outros materiais (mercadorias, produtos, materiais de expediente etc.), de conciliações e ajustes de saldos de contas, chegando até a apuração do resultado bruto, do resultado líquido, de cálculos e contabilizações de tributos incidentes sobre o lucro líquido, de participações, reservas e dividendos, concluindo com a elaboração das diversas Demonstrações Contábeis.

Portanto, para atender ao estágio dos estudos em que você se encontra, apresentaremos, de modo simplificado, os procedimentos necessários para a Apuração do Resultado do Exercício e para a elaboração do Balanço Patrimonial de empresas prestadoras de serviços.

Ao fim de cada exercício social, as empresas realizam uma série de procedimentos visando à Apuração do Resultado do Exercício e à elaboração das Demonstrações Contábeis.

O que significa apurar o Resultado do Exercício[1]? Apurar o Resultado do Exercício consiste em verificar, por meio das Contas de resultado (despesas e receitas), se a movimentação do patrimônio da empresa apresentou lucro ou prejuízo durante o exercício social.

A apuração simplificada do Resultado do Exercício de uma empresa de prestação de serviços pode ser resumida em uma única operação: confronto do total das receitas com o total das despesas. A diferença será lucro (quando as receitas superarem as despesas) ou prejuízo (quando as despesas superarem as receitas).

9.2 Roteiro para Apuração do Resultado do Exercício

Agora você conhecerá a sequência ideal dos procedimentos que devem ser adotados para apurar o Resultado do Exercício de uma empresa de prestação de serviços.

ROTEIRO

- **1º passo** – Elaborar um Balancete de Verificação composto por contas cujos saldos serão extraídos do Livro Razão ou dos Razonetes.
- **2º passo** – Transferir os saldos das contas de despesas para a conta transitória Resultado do Exercício.
- **3º passo** – Transferir os saldos das contas de receitas também para a conta transitória Resultado do Exercício.
- **4º passo** – Apurar, no Livro Razão ou no Razonete, o saldo da conta Resultado do Exercício. A conta Resultado do Exercício receberá, a seu débito, os saldos das contas de despesas e, a seu crédito, os saldos das contas de receitas. Logo,

---

[1] Exercício social compreende o período em que a empresa opera. Geralmente equivale a um ano e inicia no dia 1º de janeiro terminando no dia 31 de dezembro do mesmo ano.

se o saldo dessa conta for devedor, o Resultado do Exercício será igual a prejuízo; se o saldo for credor, o Resultado do Exercício será igual a lucro.

5º passo – Transferir o saldo da conta Resultado do Exercício para a conta Lucros Acumulados se for lucro, ou para a conta Prejuízos Acumulados se for prejuízo. Essas contas são patrimoniais, do grupo do Patrimônio Líquido.

6º passo – Levantar o Balanço Patrimonial.

7º passo – Transcrever o Balanço Patrimonial no Livro Diário.

notas

- Conforme já dissemos, nessa apuração simplificada serão desconsiderados os cálculos e as contabilizações do lucro bruto, dos tributos incidentes sobre o lucro líquido e da distribuição do Lucro, além de outros procedimentos que são comuns no momento da Apuração do Resultado do Exercício, pois nosso propósito, neste momento, é capacitá-lo a dominar bem o mecanismo de Apuração do Resultado do Exercício dessa forma simplificada. Esse conhecimento será fundamental para a compreensão da apuração completa, assunto que você estudará em estágios mais avançados da matéria.
- Todos os lançamentos dessa data, a exemplo do que ocorreu durante o exercício social, serão escriturados nos Livros Diário e Razão (em nosso caso, no Livro Diário e nos Razonetes).
- Deverão, também, ser transcritos no Livro Diário o Balanço Patrimonial e todas as demais Demonstrações Contábeis que forem elaboradas pela empresa.

9.3 Procedimentos e contabilização

EXEMPLO PRÁTICO

Suponhamos que, após devidamente encerrados os registros contábeis relativos ao exercício de X1 de uma empresa de prestação de serviços, em 31 de dezembro, no Livro Razão constem as seguintes contas, com seus respectivos saldos:

RAZONETES

CAIXA		MÓVEIS E UTENSÍLIOS	
10.000		3.000	

CONTAS A PAGAR		CAPITAL	
	5.000		6.000

IMPOSTOS		ALUGUÉIS PASSIVOS	
1.000		500	

RECEITAS DE SERVIÇOS
3.500

Para apurar o Resultado do Exercício e levantar o Balanço Patrimonial, basta seguir os passos contidos no Roteiro apresentado na Seção 9.2. Acompanhe:

1º passo – Elaborar o Balancete de Verificação composto por contas cujos saldos serão extraídos do Livro Razão (em nosso exemplo, extrairemos dos Razonetes).

Veja:

\multicolumn{4}{c}{BALANCETE DE VERIFICAÇÃO}			
Nº	CONTAS	SALDO DEVEDOR	SALDO CREDOR
1	Caixa	10.000	
2	Móveis e Utensílios	3.000	
3	Contas a Pagar		5.000
4	Capital		6.000
5	Impostos	1.000	
6	Aluguéis Passivos	500	
7	Receitas de Serviços		3.500
	Totais	14.500	14.500

2º passo – Transferir os saldos das contas de despesas para a conta Resultado do Exercício.

A conta Resultado do Exercício é uma conta transitória que não foi utilizada durante o ano, pois não se destina ao registro das operações normais da empresa.

É essa conta que possibilita a Apuração do Resultado do Exercício. Para que isso ocorra, precisamos transferir para ela os saldos de todas as contas de despesas e, também, os saldos de todas as contas de receitas.

Começaremos transferindo os saldos das contas de despesas. Acompanhe:

No Livro Razão (Razonete) da empresa em questão, constam apenas duas contas de despesas que são:

IMPOSTOS		ALUGUÉIS PASSIVOS
1.000		500

Vamos, inicialmente, transferir o saldo da conta Impostos para a conta Resultado do Exercício.

O que significa transferir o saldo de uma conta? Pois bem, até este estágio de nossos estudos, o único momento em que mencionamos transferência de valores de uma conta para outra foi na Seção 6.4.

Transferir o saldo de uma conta para outra, ou seja, de um Razonete para outro, significa zerar o saldo da conta de origem (no Razonete de onde se transfere) e lançar o respectivo valor na conta de destino (no Razonete para onde se transfere), sendo que esse valor deverá ficar no Razonete da conta de destino, na mesma posição em que se encontrava no Razonete da conta de origem. Assim, se o valor no Razonete da conta de origem estiver no débito, ele deverá ficar no débito do Razonete da conta de destino; se estiver no crédito do Razonete da conta de origem, ficará no Crédito do Razonete da conta de destino.

Veja o Razonete da conta Impostos. Ela possui no débito um saldo de $ 1.000. Para transferir esse saldo para o Razonete da conta Resultado do Exercício, debitaremos a conta Resultado do Exercício e creditaremos a conta Impostos. Porém, antes de lançar esses valores nos Razonetes, precisamos registrar a transferência em partida de Diário. Veja:

(1) Resultado do Exercício
    a Impostos
        Transferência que se processa do
        saldo da segunda para a primeira das
        contas supra, para Apuração do Resul-
        tado do Exercício.   1.000

Agora que o fato já está devidamente registrado no Diário, vamos registrá-lo nos Razonetes, assim:

IMPOSTOS			RESULTADO DO EXERCÍCIO	
1.000	(1) 1.000		(1) 1.000	

Observe que, após o lançamento de transferência efetuado devidamente no Diário e nos Razonetes, a conta Impostos, que tinha saldo devedor de $ 1.000, sendo creditada no lançamento de transferência, ficou com saldo igual a zero, encerrando-se. Observe, ainda, que a conta Resultado do Exercício recebeu por transferência um débito de $ 1.000, o qual, após o lançamento de transferência, ficou no Razonete da conta Resultado do Exercício, no mesmo lado em que constava no Razonete de origem.

Vamos, agora, proceder da mesma maneira com a conta Aluguéis Passivos. Como essa conta tem um débito de $ 500, faremos o seguinte lançamento no Diário:

(2) Resultado do Exercício
   a Aluguéis Passivos
       Transferência que se processa do
       saldo da segunda para a primeira das
       contas supra, para Apuração do Resul-
       tado do Exercício.   500
       _____   _____

Veja, agora, os registros nos Razonetes:

ALUGUÉIS PASSIVOS		
500	(2)	500

RESULTADO DO EXERCÍCIO		
(1)	1.000	
(2)	500	

Observe que, neste caso, também a conta Aluguéis Passivos ficou com saldo igual a zero, pois seu saldo, que era devedor, foi transferido a débito da conta Resultado do Exercício.

Observe agora que, após transferirmos todos os saldos de todas as contas de despesas para a conta Resultado do Exercício, todas as contas de despesas ficaram zeradas, sem saldos em seus Razonetes, e a conta Resultado do Exercício reúne em seu débito os valores que estavam nos Razonetes das contas de despesas.

notas

- Note que os dois lançamentos, por meio dos quais transferimos os saldos das duas contas de despesas para a conta Resultado do Exercício, poderiam ser feitos em um só, assim:

Resultado do Exercício
a Diversos
    Transferências dos saldos das
    seguintes contas de despesas, para
    Apuração do Resultado do Exercício:
a Impostos
    Saldo desta conta.   1.000
a Aluguéis Passivos
    Idem.   500   1.500
    _____   _____

- Note que, efetuando as transferências por lançamentos individualizados (primeira fórmula) ou por um único lançamento (segunda fórmula), o resultado será o mesmo, ou seja, as contas de despesas serão creditadas, ficando com seus saldos zerados, e a conta Resultado do Exercício terá no débito o total de $ 1.500, que corresponde à soma dos saldos das contas de Despesas.

3º passo – Transferir os saldos das contas de receitas também para a conta Resultado do Exercício:

Em nosso caso, temos apenas uma conta de receita:

RECEITAS DE SERVIÇOS	
	3.500

O critério para transferência dos saldos das contas de receitas é o mesmo adotado para transferência dos saldos das contas de despesas. Ocorre que, neste caso, a conta Receita de Serviços tem saldo credor; logo, ela será debitada no Diário, no lançamento de transferência, e, consequentemente, a conta Resultado do Exercício, para a qual o saldo será transferido, será creditada. Agindo dessa forma, a conta Receitas de Serviços ficará zerada e a conta Resultado do Exercício receberá em seu Razonete o valor de $ 3.500, na mesma posição em que ele figurava no Razonete da conta de origem, ou seja, no lado do crédito. Acompanhe:

(3) Receitas de Serviços
    a Resultado do Exercício
        Transferência que se processa do
        saldo da primeira para a segunda das
        contas supra, para Apuração do Resul-
        tado do Exercício.   3.500

Veja, agora, como ficarão os Razonetes das contas envolvidas, após o lançamento 3:

RECEITAS DE SERVIÇOS			Resultado do Exercício			
(3)	3.500	3.500	(1)	1.000	(3)	3.500
			(2)	500		

4º passo – Apurar o saldo da conta Resultado do Exercício.

Agora que todas as contas de Resultado (despesas e receitas) estão zeradas (sem saldo) e seus respectivos saldos transferidos para a conta Resultado do Exercício, precisamos apurar o saldo dessa conta em seu respectivo Razonete para saber se a empresa apresentou lucro ou prejuízo em suas transações no referido exercício. Veja:

	Resultado do Exercício		
(1)	1.000	(3)	3.500
(2)	500		
Soma	1.500		
		Saldo	2.000

Como o saldo da conta Resultado do Exercício é credor de $ 2.000, corresponde a lucro. É lucro pois o total das receitas ($ 3.500) foi superior ao total das despesas ($ 1.500) em $ 2.000.

5º passo – Transferir o saldo da conta Resultado do Exercício para a conta Lucros Acumulados se for lucro, ou para a conta Prejuízos Acumulados se for prejuízo.

Vimos, no Capítulo 2 (embora de maneira bem simples), quando estudamos as situações líquidas patrimoniais, e, depois, no Capítulo 4, com os fatos modificativos, que o Resultado do Exercício, sendo lucro ou prejuízo, interfere no Patrimônio Líquido. Lembra-se?

Pois bem, para que o resultado apurado no final do exercício (em nosso caso, lucro de $ 2.000) possa figurar no Balanço Patrimonial, é preciso transferir o saldo da conta Resultado do Exercício, que é uma conta transitória, para uma ou mais contas patrimoniais.

Na vida prática, conforme já dissemos, o Resultado do Exercício, quando positivo (lucro), tem várias destinações: uma parte vai para o Governo (Imposto de Renda e Contribuição Social), uma parte poderá ser destinada às pessoas que tenham direito de participar do lucro da empresa (empregados, administradores etc.); uma parte poderá ser destinada à constituição de reservas; outra poderá ser destinada ao aumento de capital; outra parte será destinada aos titulares ou acionistas, em forma de dividendos; e outra parte, ainda, poderá permanecer no Patrimônio Líquido, na própria conta Lucros Acumulados para futuras destinações. Caso no Balanço Patrimonial constem prejuízos acumulados apurados em exercícios anteriores, esses prejuízos deverão ser compensados com parte ou com o total dos lucros apurados. Essas destinações você estudará em estágios mais avançados da matéria. Por ora, apenas para caracterizar o aumento do Patrimônio Líquido em decorrência do lucro líquido apurado, vamos transferir todo o saldo credor da conta Resultado do Exercício para a conta Lucros Acumulados.

O critério para transferência do saldo da conta Resultado do Exercício para a conta Lucros Acumulados é o mesmo já adotado quando procedemos às transferências dos saldos das contas de despesas e de receitas.

Portanto, como a conta Resultado do Exercício possui saldo credor, para zerá-la, vamos debitá-la e, em contrapartida, creditaremos a conta Lucros Acumulados. Veja:

(4) Resultado do Exercício
   a Lucros Acumulados
      Transferência que se processa da
      primeira para a segunda das contas
      supra, ref. ao Lucro Líquido apurado
      no exercício.   2.000
   _____   _____

   Veja a posição das contas envolvidas em seus respectivos Razonetes:

RESULTADO DO EXERCÍCIO			LUCROS ACUMULADOS	
(1) 1.000	(3) 3.500		(4)	2.000
(2) 500				
Soma 1.500				
(4) 2.000	Saldo 2.000			

notas

- Se a conta Resultado do Exercício apresentasse saldo devedor, o respectivo saldo representaria prejuízo do exercício e sua transferência para a conta Prejuízos Acumulados seria feita no Diário, por meio do seguinte lançamento:

   Prejuízos Acumulados
   a Resultado do Exercício
      Transferência que se processa da
      segunda para a primeira das contas
      supra, ref. ao prejuízo do exercício. $
   _____   _____

Agora que já apuramos o Resultado do Exercício, contabilizando-o em partidas de diário e nos Razonetes, todas as contas de resultado ficaram zeradas, encerradas, permanecendo ainda com saldos, no Livro Razão (Razonetes), somente as contas patrimoniais, as quais serão utilizadas para a elaboração do Balanço Patrimonial, veja:

6º passo – Levantar o Balanço Patrimonial
   Para elaborar o Balanço Patrimonial, você deverá se orientar pelo Elenco de Contas apresentado no Capítulo 4.

Conforme dissemos, a esta altura dos acontecimentos, no Livro Razão (Razonetes) só restam com saldos as contas patrimoniais, que representam a atual situação patrimonial da empresa, isto é, os bens, os direitos, as obrigações e o Patrimônio Líquido.

Vamos, então, elaborar o Balanço Patrimonial.

O Balanço Patrimonial é uma Demonstração Contábil que evidencia, por meio das contas patrimoniais, divididas em Ativo e Passivo, os bens, os direitos, as obrigações e o Patrimônio Líquido da empresa em dado momento.

Veja, finalmente, como ficará o Balanço Patrimonial da empresa objeto de nosso exemplo prático:

Balanço Patrimonial levantado em 31 de dezembro de X1	
1. ATIVO	
ATIVO CIRCULANTE	
Caixa	10.000
ATIVO NÃO CIRCULANTE	
Móveis e Utensílios	3.000
Total do ATIVO	13.000
2. PASSIVO	
PASSIVO CIRCULANTE	
Contas a Pagar	5.000
PATRIMÔNIO LÍQUIDO	
Capital	6.000
Lucros Acumulados	2.000
Total do PATRIMÔNIO LÍQUIDO	8.000
TOTAL DO PASSIVO	13.000

notas

- O Balanço Patrimonial, conforme já dissemos, deve ser transcrito no Livro Diário da empresa.
- Nos capítulos 2 e 4, você aprendeu que o Balanço Patrimonial deve ser apresentado em um gráfico em forma de "T" (horizontal), entretanto, o Balanço Patrimonial também pode ser apresentado na forma vertical, como acabamos de fazer, ou seja, em primeiro lugar apresentamos o ATIVO e, na sequência, em baixo deste, apresentamos o PASSIVO.
- Note que figurou no grupo do Patrimônio Líquido a conta Lucros Acumulados com valor de $ 2.000. Esse valor corresponde ao lucro líquido apurado no exercício, o qual foi transferido para essa conta por meio do lançamento 4. Se porventura o Resultado do Exercício apresentasse prejuízo, como vimos, este seria transferido a débito da conta Prejuízos Acumulados, a qual figuraria no mesmo grupo do Patrimônio Líquido, porém, com seu valor entre parênteses, e ao invés de ser somado ao valor do Capital, seria subtraído deste.

7º passo – Transcrever o Balanço Patrimonial no Livro Diário.

Depois de levantado o Balanço Patrimonial, ele deverá ser transcrito no Livro Diário.

Por razões práticas, deixaremos de realizar aqui essa tarefa.

Contudo, lembramos mais uma vez que, além do Balanço Patrimonial, todas as demais Demonstrações Contábeis que forem elaboradas pela empresa também deverão ser transcritas no Livro Diário.

Atividades Teóricas

1. **Complete:**
   1.1 No fim de cada exercício social, as empresas realizam uma série de procedimentos visando à Apuração do _____ e à elaboração das Demonstrações _____.

2. **Responda:**
   2.1 O que acontece com as contas de resultado após a Apuração do Resultado do Exercício?

3. **Escolha a alternativa correta:**
   3.1 A Apuração do Resultado do Exercício consiste em:
   a) Verificar, por meio das contas patrimoniais, se a movimentação do patrimônio da empresa apresentou lucro ou prejuízo no período.
   b) Verificar, por meio das contas de Resultado (despesas e receitas), se a movimentação do patrimônio da empresa apresentou lucro ou prejuízo no período.
   c) Somar os débitos e os créditos de todas as contas para verificar o lucro final.
   d) Verificar se o fluxo de entradas e saídas do caixa está correto.
   e) Todas as alternativas estão corretas.

   3.2 As contas que permanecem com saldos no Livro Razão, após a Apuração do Resultado do Exercício, são:
   a) Contas de resultado.
   b) Contas patrimoniais.
   c) Contas do exercício.
   d) Contas representativas dos bens de uso somente.
   e) Nenhuma das alternativas.

   3.3 Assinale a sequência correta dos acontecimentos:
   a) Diário, Razonete, Balanço e Balancete.
   b) Diário, Balanço, Razonete e Balancete.
   c) Diário, Razonete, Balancete, Apuração do Resultado e Balanço.
   d) Diário, Mensal e Anual.
   e) Razão, Direitos e Vendas.

3.4 As contas de despesas que no final do exercício social apresentam saldos devedores, para terem esses saldos transferidos para a conta Resultado do Exercício, visando à Apuração do Resultado, no Livro Diário serão:
  a) Debitadas, porque seus saldos são devedores e, assim, ficarão zeradas.
  b) Creditadas, porque seus saldos são credores e, assim, ficarão zeradas.
  c) Debitadas, porque seus saldos são credores e, assim, ficarão zeradas.
  d) Creditadas, porque seus saldos são devedores e, assim, ficarão zeradas.
  e) Debitadas e creditadas ao mesmo tempo.

3.5 A conta Resultado do Exercício, ao receber por transferência os saldos de todas as contas de despesas, no Livro Diário será:
  a) Debitada, porque os saldos das contas de despesas deverão figurar nessa conta, na mesma posição em que se encontravam nos respectivos Razonetes.
  b) Creditada, porque os saldos das contas de despesas deverão figurar nessa conta, na posição oposta em que se encontravam em seus respectivos Razonetes.
  c) Debitada ou creditada, dependendo do resultado a ser apurado.
  d) Debitada, por ocasião da apuração dos resultados.
  e) Nenhuma das alternativas.

3.6 As contas de receitas que, no final do exercício social, apresentam saldos credores, para terem esses saldos transferidos para a conta Resultado do Exercício, visando à apuração do resultado, no Livro Diário serão:
  a) Debitadas, porque seus saldos são devedores e, assim, ficarão zeradas.
  b) Creditadas, porque seus saldos são credores e, assim, ficarão zeradas.
  c) Debitadas, porque seus saldos são credores e, assim, ficarão zeradas.
  d) Creditadas, porque seus saldos são devedores e, assim, ficarão zeradas.
  e) Nenhuma alternativa está correta.

3.7 A conta Resultado do Exercício, ao receber por transferência os saldos de todas as contas de receitas, no Livro Diário será:
  a) Debitada, porque os saldos das contas de receitas deverão figurar nessa conta, na mesma posição em que se encontravam nos respectivos Razonetes.
  b) Creditada, porque os saldos das contas de receitas deverão figurar nessa conta, na mesma posição em que se encontravam em seus respectivos Razonetes.
  c) Debitada ou creditada, dependendo do resultado apurado.
  d) Somente a alternativa "a" está incorreta.
  e) Nenhuma alternativa está correta.

3.8 Para transferir o saldo de uma conta para outra, procede-se da seguinte maneira:
  a) Aplicam-se as regras constantes da letra "a" do Quadro Auxiliar da Escrituração, estudado no Capítulo 5.
  b) Se o saldo for devedor, credita-o na conta de origem para zerá-lo e debita-o na conta de destino (que recebe o respectivo saldo por transferência).
  c) Se o saldo for credor, debita-o na conta de origem e credita-o na conta de destino.
  d) As alternativas "b" e "c" estão corretas.
  e) Nenhuma alternativa está correta.

Atividades Práticas ❶

Prática 1 – solucionada

Relação das contas extraídas do Livro Razão em 31 de dezembro de X1:

1	Caixa	100.000
2	Clientes	20.000
3	Estoque de Material de Expediente	10.000
4	Imóveis	200.000
5	Móveis e Utensílios	50.000
6	Fornecedores	50.000
7	Promissórias a Pagar	20.000
8	Capital	270.000
9	Água e Esgoto	1.000
10	Aluguéis Passivos	10.000
11	Descontos Concedidos	500
12	Fretes e Carretos	500
13	Receitas de Serviços	54.000
14	Material de Expediente	2.000
	TOTAL	788.000

Pede-se:

1. Com base na relação de contas apresentada, elabore o Balancete de Verificação;
2. Com base no Balancete de Verificação, elabore os Razonetes. Para facilitar a Apuração do Resultado do Exercício, separe as contas patrimoniais das contas de resultado.
3. Apure o Resultado do Exercício da seguinte maneira:
   a) transfira os saldos das contas de despesas para a conta Resultado do Exercício (inicialmente, no Diário, e em seguida, nos Razonetes);
   b) transfira os saldos das contas de receitas para a conta Resultado do Exercício (inicialmente, no Diário, e em seguida, nos Razonetes);
   c) apure o saldo da conta Resultado do Exercício em seu respectivo Razonete e transfira-o para a conta Lucros Acumulados ou para a conta Prejuízos Acumulados, conforme o caso. A transferência deve ser efetuada, inicialmente, no Diário, e em seguida, nos Razonetes.
4. Elabore o Balanço Patrimonial.

Solução

BALANCETE

BALANCETE DE VERIFICAÇÃO

Nº	CONTAS	SALDO DEVEDOR	SALDO CREDOR
1	Caixa	100.000	
2	Clientes	20.000	
3	Estoque de Material de Expediente	10.000	
4	Imóveis	200.000	
5	Móveis e Utensílios	50.000	
6	Fornecedores		50.000
7	Promissórias a Pagar		20.000
8	Capital		270.000
9	Água e Esgoto	1.000	
10	Aluguéis Passivos	10.000	
11	Descontos Concedidos	500	
12	Fretes e Carretos	500	
13	Receitas de Serviços		54.000
14	Material de Expediente	2.000	
	Totais	394.000	394.000

Observações

▸ Embora você encontre, a seguir, os Razonetes devidamente escriturados, lembre-se de que, inicialmente, você deverá transferir para eles as contas que constarem do Balancete, com seus respectivos saldos, e, em seguida, à medida que os lançamentos de encerramento forem sendo efetuados no Diário é que você deverá transcrever os respectivos valores para os Razonetes.

▸ As letras "b" colocadas entre parênteses, à esquerda dos valores, indicam que os respectivos valores foram extraídos do Balancete.

▸ Os algarismos colocados entre parênteses, à esquerda dos valores, indicam os números dos lançamentos de Diário dos quais os respectivos valores foram extraídos.

RAZONETES
Contas Patrimoniais

CAIXA			CLIENTES	
(b)	100.000		(b)	20.000

ESTOQUE MAT. EXPEDIENTE			IMÓVEIS	
(b)	10.000		(b)	200.000

MÓVEIS E UTENSÍLIOS			FORNECEDORES	
(b)	50.000			(b)	50.000

PROMISSÓRIAS A PAGAR			CAPITAL	
	(b)	20.000		(b)	270.000

LUCROS OU PREJUÍZOS ACUMULADOS	
(3)	40.000

Contas de Resultado

ÁGUA E ESGOTO				ALUGUÉIS PASSIVOS			
(b)	1.000	(1)	1.000	(b)	10.000	(1)	10.000

DESCONTOS CONCEDIDOS				FRETES E CARRETOS			
(b)	500	(1)	500	(b)	500	(1)	500

RECEITAS DE SERVIÇOS				MATERIAL DE EXPEDIENTE			
(2)	54.000	(b)	54.000	(b)	2.000	(1)	2.000

RESULTADO DO EXERCÍCIO			
(1)	14.000	(2)	54.000
(3)	40.000	Saldo	40.000

DIÁRIO

(1) Resultado do Exercício
    a Diversos
        Transferências dos saldos das
        contas de Despesas para Apuração do
        Resultado do Exercício:

a Água e Esgoto		
Saldo desta conta.	1.000	
a Aluguéis Passivos		
Idem.	10.000	
a Descontos Concedidos		
Idem.	500	
a Fretes e Carretos		
Idem.	500	
a Material de Expediente		
Idem.	2.000	14.000

(2) Receitas de Serviços
    a Resultado do Exercício
        Transferência do saldo da primeira
        para a segunda das contas supra, para
        Apuração do Resultado do Exercício.   54.000

(3) Resultado do Exercício
    a Lucros Acumulados
        Lucro Líquido apurado.   40.000

BALANÇO PATRIMONIAL

1 – ATIVO

ATIVO CIRCULANTE	
Caixa	100.000
Clientes	20.000
Estoque de Material de Expediente	10.000
Total do Ativo Circulante	130.000
ATIVO NÃO CIRCULANTE	
Imóveis	200.000
Móveis e Utensílios	50.000
TOTAL DO ATIVO NÃO CIRCULANTE	250.000
Total do Ativo	280.000

1 – PASSIVO
    PASSIVO CIRCULANTE
        Fornecedores   50.000
        Promissórias a Pagar   20.000
    Total do Passivo Circulante   70.000
    PATRIMÔNIO LÍQUIDO
        Capital   270.000
        Lucros Acumulados   40.000
    Total do Patrimônio Líquido   310.000

Total do Passivo   380.000

- Você aprendeu que a sequência normal dos acontecimentos na empresa é: Diário, Razão ou Razonetes, Balancete, Apuração do Resultado e Balanço Patrimonial. Entretanto, deve ter observado que, na solução desta Prática 1, desenvolvemos as tarefas na seguinte ordem: Balancete, Razonetes, Diário, Apuração do Resultado e Balanço Patrimonial. Vamos, então, esclarecer: na empresa, a sequência normal é realmente: Diário, Razão ou Razonetes, Balancete, Apuração do Resultado e Balanço Patrimonial, entretanto, como aqui você não tem em mãos os livros contábeis da empresa para solucionar as Atividades Práticas propostas, evidentemente terá de inverter o momento de execução de alguma tarefa, uma vez que, em geral, em Atividades Práticas dessa natureza iniciamos apresentando uma Relação de contas, e a partir dela você deverá reconstituir o Balancete de Verificação, para conferência e, em seguida, reconstituir os Razonetes, para só então iniciar a apuração do resultado. Porém, você deve ter sempre em mente que, seja na vida real ou para fins didáticos, não deve lançar nenhum valor no Razão ou nos Razonetes sem antes ter escriturado o respectivo Fato no Diário.

Prática 2

Relação das contas extraídas do Livro Razão da empresa de prestação de serviços Disque Reparos, em 31 de dezembro de X3:

Caixa	100	
Móveis e Utensílios		200
Duplicatas a Receber	50	
Duplicatas a Pagar	20	
Capital	260	
Aluguéis Passivos	30	
Receitas de Serviços	100	
Total	760	

Pede-se:

1. Com base na relação de contas apresentada, elabore o Balancete de Verificação.

Capítulo 9 • Apuração simplificada do resultado

2. Com base no Balancete de Verificação, elabore os Razonetes. Para facilitar a Apuração do Resultado do Exercício, separe as contas Patrimoniais das contas de Resultado.
3. Apure o Resultado do Exercício da seguinte maneira:
   a) transfira o saldo da conta de Despesa para a conta Resultado do Exercício (inicialmente, no Diário, e em seguida, nos Razonetes);
   b) transfira o saldo da conta de Receita para a conta Resultado do Exercício (inicialmente, no Diário, e em seguida, nos Razonetes);
   c) apure o saldo da conta Resultado do exercício em seu respectivo Razonete e transfira-o para a conta Lucros Acumulados, se for lucro, ou para a conta Prejuízos Acumulados, se for prejuízo (a transferência deve ser efetuada, inicialmente, no Diário, e em seguida, nos Razonetes).
4. Elabore o Balanço Patrimonial.

Prática 3

Relação das contas extraídas do Livro Razão em 31 de dezembro de X3:

5.	Bancos conta Movimento	500
6.	Duplicatas a Pagar	630
7.	Veículos	2.000
8.	Energia Elétrica	80
9.	Fretes e Carretos	20
10.	Café e Lanches	50
11.	Impostos e Taxas	100
12.	Móveis e Utensílios	1.000
13.	Receitas de Serviços	120
14.	Capital	3.000
	Total	7.500

Pede-se:

1. Balancete.
2. Razonetes.
3. Apuração do Resultado do Exercício.
4. Balanço Patrimonial.

Prática 4

Relação das Contas extraídas do Livro Razão em 31 de dezembro de X4:

1.	Caixa	50.000
2.	Imóveis	500.000
3.	Bancos conta Movimento	130.000
4.	Clientes	30.000

5.	Duplicatas a Receber	20.000
6.	Estoque de Material de Expediente	10.000
7.	Promissórias a Receber	20.000
8.	Impostos a Recolher	5.000
9.	Duplicatas a Pagar	75.000
10.	Promissórias a Pagar	300.000
11.	Capital	288.000
12.	Fretes e Carretos	30.000
13.	Água e Esgoto	1.000
14.	Juros Passivos	12.000
15.	Despesas Bancárias	4.000
16.	Energia Elétrica	6.000
17.	Descontos Obtidos	5.000
18.	Receitas de Serviços	150.000
19.	Móveis e Utensílios	40.000
20.	Aluguéis Ativos	30.000
	Total	1.706.000

Pede-se:

1. Balancete.
2. Razonetes.
3. Apuração do Resultado do Exercício.
4. Balanço Patrimonial.

MENSAGEM FINAL

A proposta deste primeiro volume, denominado **Noções de Contabilidade**, foi possibilitar a você o conhecimento das noções de Contabilidade, dando-lhe pleno domínio do mecanismo do débito e do crédito, conhecimentos imprescindíveis para que possa estudar e compreender com facilidade qualquer assunto envolvendo a Ciência Contábil.

Se você solucionou sem embaraços todas as atividades teóricas e práticas propostas neste volume, está apto a avançar um pouco mais em seus estudos e encontrará no volume 2, denominado **Noções de Contabilidade Comercial**, conhecimentos que o auxiliarão a entender a apuração do resultado de empresas comerciais.

Prof. Osni Moura Ribeiro

1ª edição
Papel de miolo   Offset 75 g/m²
Papel da capa   Cartão 250 g/m²
Tipografia   Myriad Pro e Source Sans Pro

BIBLIOGRAFIA

CALDERELLI, A. **Enciclopédia contábil e comercial brasileira**. São Paulo: CETEC, 1997.

EISEN, P. J. **Accounting**. 3. ed. Nova York: Barron's Business, 1994.

FRANCO, H. **Contabilidade geral**. 18. ed. São Paulo: Atlas, 1972.

GOUVEIA, N. **Contabilidade**. São Paulo: McGraw-Hill do Brasil, 1985.

JACINTHO, R. **Biblioteca de ciências contábeis em lançamentos programados**. São Paulo: Brasiliense, 1981.

NEPOMUCENO, F. **Novo plano de contas**. São Paulo: Thomson – IOB, 2003.

RIBEIRO, O. M. **Contabilidade básica**. 30. ed. São Paulo: SaraivaUni, 2017. (Série Em Foco).

WALTER, M. A. **Introdução à contabilidade**. São Paulo: Saraiva, 1981.